대한민국 외교는 왜 표류하고 있는가?

나침반이 잘못된 한국 외교

올바른 4강 외교를 위한 **제언**

대한민국의 외교는 왜 표류하고 있는가?

박병환(유라시아전략연구소 소장) | 지음

나침반이 잘못된 한국 외교

올바른 4강 외교를 위한 **제언**

우물이 있는 집

IV. 중국에 휘둘리지 말자

V. 러시아를 경시하지 말자

VI. 외교 단평

외교란 무엇인가? 외교는 한 나라의 안전과 번영을 뒷받침할 수 있는 대외적인 여건을 조성하기 위한 노력이다. 특히 패권국가 및 이웃 나라와의 관계를 관리하는 것이 매우 중요하다. 한국의 경우 이웃 나라들이 모두 강대국인 데다 북한이라는 우리의 생존을 위협하는 세력이 있다. 세계에서 한국만큼 외교 환경이 녹록하지 않은 나라도 없을 것이다. 또한, 한국만큼 외교가 중요한 나라도 없을 것이다. 냉전 시대에는 그나마 어느 한 진영에 속하여 큰 고민 없이 외교를 전개할 수 있었다. 냉전 종식 이후 지난 30년 동안 국제정치의 지형은 크게 변하였다. 두 개의 진영 간 대결 구조에서 다극적인 구조로 변하고 상호의존의 세계화가 진행되었다. 동아시아에서의 큰 변화는 무엇보다도 중국의 부상이다. 중국의 국력이 크게 신장된 현 상황을 놓고 많은 사람이 현재 한국이 처한 상황이 구한말과 비슷하다는 의견을 내놓고 있다. 외부환경의 변화가 상시적인 것이라면 문제는 우리가 그러한 변화에 어떻게 대응하느냐이다.

올해는 문재인 대통령 취임 5년 차가 되는 해이다. 그런데 우리나라가 과연 문 대통령이 제시한 '누구도 흔들 수 없는 나라'가 되었는가? 하는 질문이 나온다. 물론 국제사회에서 한국에 대한 평가는 크게 바뀌었다. 그런데 그 변화는 지난 두 세대 동안 온 국민이 이루어낸 성취의 결과이다. 우리 주변 강대국들과의 관계는 어떤가? 그들과의 관계도 우리에게 유리한 방향으로 바뀌고 있는가? 많은 사람들이 그렇지 않다고 우려를 표하고 있다. 왜 그럴까? 문재인 정부의 외교와 관련된 사고방식에는 몇 가지 심각한 오류와 착각이 있다.

첫째, 중국을 과대평가하고 중국의 의도에 대해 잘못 생각하고 있다. 중국은 1978년 개혁개방 정책을 취한 이후 꾸준히 성장하고 발전하여 얼마 전부터는 경제 규모가 언제 미국을 따라잡을 것인가 하는 질문이 화두가 되었다. 하지만 중국 경제의 성장은 이미 둔화하고 있으며 기술력에 있어서도 미국을 따라잡는 것은 쉽지 않아 보인다. 미국이 중국을 세계시장의 공급망에서 배제하는 디커플링 전략을 구사하고 있는 데 대해 중국은 인구 규모만 믿고 내수시장을 중심으로 성장을 지속해 나가겠다고 하는데, 원천적으로 한계가 있을 것이다. 군사적으로는 설명이 필요 없을 것이며 더욱이 유사시 중국을 도울 동맹이 없다는 점이 중요하다. 러시아가 중국을 지원하지 않으리라는 것은 중국 자신이 잘 알고 있다. 소프트파워 측면에서는 어떤가? 중국의 거칠고 일방주의적인 행태는 세계 곳곳에서 자신의 연성 국력을 깎아먹고 있다.

하지만 대한민국에서는 중국의 존재감이 비정상적으로 크다. 중국 시장이 우리 수출에서 차지하는 비중이 상당하고 북핵 문제를 해결하고 소위 '한반도 평화 프로세스'를 추진하는데 중국의 협조가 긴요하다고 생각하기 때문이다. 한중 교역 구조를 보면 결코 일방적으로 한국이 득을 보는 그런 구조가 아니다. 따라서 경제적으로 중국이 한국에 대해 극단적인 제재를 가하기는 그리 쉽지 않다. 북한 문제에서도 중국은 때때로 북한과의 유대를 과시하여 우리를 자극할 뿐이다. 중국은 과연 남북한 통일을 도우려 할까? 그러한 생각은 환상에 가까운 것이다. 중국은 북한을 잠재 적국인 미국과 미국을 등에 업은 한국과의 관계에 있어 완충지대로 보고 있다. 한마디로 중국의 대한반도 정책은 이한제한(以韓制韓)이다. 중국의 북한에 대한 영향력도 과장되어 있다. 북중 간에는 일정 수준의 불신이 존재한다. 그럼 한국 정부는 무엇이 아쉬워 중국에 대해서 적어도 외견상 저자세를 보일까? 그간 국력 신장의 결과 고양된 민족적 자긍심 때문인지 더이상 한미관계가 과거와 같을 수 없으며 주한 미군이 통일에 걸림돌이 되는 것처럼 생각하고 심지어 한미관계에 대해 '가스라이팅' 운운하며 자주를 부르짖으면서 왜 중국은 머슴이 주인 대하듯 하는가? 기본적으로 최근세사에 대한 잘못된 인식이 깔려 있고 과거 조선 시대에 형성되어 격세유전된 사대의식이 작용하고 있는 것은 아닌가 생각된다. 더이상 중국에 휘둘리지 말고 그들에게 우리의 레드라인을 분명히 제시해야 할 것이다.

둘째, 미국에 대해 노골적으로 거리 두기를 시도하고 있다. 올해도 한미연합훈련에 대해 정부와 여권 인사들이 보인 태도를 보면 우려하지 않을 수 없다. '재래식 전력에서 우리가 우위에 있으니 한미연합훈련은 할 필요가 없다' '하고 싶지 않지만 전작권 반환 요건을 충족하기 위해 마지못해 최소한으로 한다' '훈련이 긴장을 조성해서는 안 된다'

'김정은이 하지 말라고 했으니 하면 안 된다' 등 어처구니없는 발언들이 쏟아졌다. 훈련하지 않는 군대는 군대라 할 수 없으며 동맹관계에서 함께 훈련하지 않으면 동맹이라고 할 수 있는가? 가장 우려되는 것은 주한 미군을 남북통일의 걸림돌로 여기는 사고이다. 이는 북한이 줄기차게 주장하는 것인데 한마디로 주한 미군이 있는 한 적화통일은 요원하기 때문 아니겠는가? 북한은 '동족을 겨냥하는 전쟁연습'이라고 비난하면서 걸핏하면 '동족'을 들먹이는데 그렇다면 북한은 왜 동족에 전쟁을 일으켰나? 오늘날 우리가 안고 있는 비극의 대부분은 북한의 6.25 남침 전쟁에서 비롯된 것이다. 우리가 명심해야 할 점은 안보태세에는 지나침이란 있을 수 없다는 사실이다.

한미동맹은 6.25전쟁 이후 북한의 위협에 대처하는 데 미국의 도움을 받기 위해 당시 미온적이었던 미국을 이승만 정부가 혼신의 노력으로 설득하여 이루어낸 것이다. 우리 사회 일부에서는 한미동맹을 통해 우리가 얻는 안보 이익보다 미국이 냉전 시절 공산권의 봉쇄라는 전략 목표와 관련하여 얻은 이익이 더 크다고 주장한다. 어느 한쪽만 이익을 보는 동맹은 국제사회에 존재하지 않는다. 북한이 적화통일 노선을 포기하지 않는다면 한국은 한미동맹 이외의 대안이 없는 데 반해 미국은 설사 한국이라는 동맹을 포기하더라도 감내하기 어려운 손실이 발생하지는 않는다. 그런데 이처럼 우리가 더 필요로 하는 한미동맹의 법적 근거인 1953년 한미상호방위조약에 따르면 양국의 동맹관계는 한반도뿐만 아니라 태평양 지역을 대상 지역으로 하고 있다. 그렇다면 미국의 쿼드 참여 요청은 법적 근거도 있는 것이며 이에 따라 한국은 응해야 하는 것으로 해석된다. 미중 충돌 때문에 왜 우리가 총알받이가 되어야 하는가 식의 반문도 가능하다. 그런데 중국은 과연 미군이 철수하면 한국을 겨냥하고 있는 미사일을 모두 철거할까? 누구 말처럼 남북통일이 되면 한국은 군대를 최소한으로 유지해도 되는 것일까? 그나마 중국이 한국을 멋대로 다루지 않는 것은 한미동맹이라는 미국과의 끈이 있기 때문이다. 한미동맹을 흔드는 것은 스스로 중국의 품으로 들어가겠다는 것과 다름없다. 선(善)한 외세는 없다. 덜 악한 외세를 선택하는 것이 국제정치의 공식이다. 그리고 현재 악화일로에 있는 미중 패권 경쟁 상황은 한국이 현명한 선택을 한다면 오히려 남북문제를 해결하고 나아가 한국이 재도약할 기회가 될 수도 있다.

셋째, 한일관계는 문재인 정부에 들어와 2015년 위안부 합의 재검토를 시작으로 징용공 및 위안부 배상 판결로 내리막길을 걸어왔다. 현재 대한민국이 일본의 침략을 받고 있거나 지금도 식민지 상태에 있기라도 한 것일까? 왜 뜬금없이 '죽창가'를 부르고 '이제는 지지 않겠다'라고 외쳐대는가? 국가 간 합의는 설사 우리에게 불리한 부분이 있더라도 일단 지켜야 국제사회의 신뢰를 얻을 수 있다. 이전의 합의를 뒤집고자 한다면 외교를 제대로 하거나 단순한 외침이 아니라 양국 간의 역학관계를 바꾸기 위한 뼈를 깎는 노력을 기울여야 할 것이다. 1965년 청구권 협정이나 2015년 위안부 합의가 불만스럽다면 재협상을 해야 하는데 과연 현재 일본의 동의를 끌어낼 만한 여건이 되는가? 그렇지 못한데 자꾸 피해자 코스프레를 과도하게 하다 보니 오히려 피해자가 가해자에게 간청해야 하는 기막힌 상황이 벌어졌다. 일본에 대한 강경 일변도 정책으로 우리가 얻은 것이 무엇인가? 그런데 이에 대해 현 정부는 일말의 책임도 느끼지 않는 것 같고 오히려 틈만 나면 반일 선동을 벌이고 있다. 경제적으로 중국이 중요하다고 하는데 일본도 그에 못지않다. 군사적으로는 어떤가? 한국이 한미일 군사동맹을 반대하더라도 한반도에서 무력충돌이 일어나게 되면 싫든 좋든 일본은 우리를 지원하는 후방 기지의 역할을 수행한다. 또한, 일본과는 민주주의와 시장경제라는 가치를 공유하고 있다. 한국이 미국과 거리를 두고 일본과 사이가 틀어질수록 반기는 나라는 중국일 것이다. 대다수 한국인들은 일본의 국세가 약화되는 것을 반기겠지만 동북아시아에서 중국이 지역 패권을 장악하고 일본은 쪼그라드는 것이 과연 한국의 입장에서 바람직하기만 할까? 한국 입장에서 일본은 끊어버리고 싶은 악연일 뿐인가? 중국은 한국이 참고 함께 가야 할 운명공동체인가? 상황에 따라 중국과 더불어 일본의 압박에 대처할 수 있고, 일본과 함께 중국의 횡포에 대응하는 것이 외교 아닌가? 중국에 휘둘리지 않으려면 미국은 물론 일본과의 관계를 잘 관리해야 하는데 현 정부는 무슨 생각을 하는지 알 수 없다.

한민족 5,000년 역사에서 북쪽으로부터 시련이 훨씬 많았는데 왜 역사의 기억이 특정 기간 그리고 특정 국가에 편향되어 있는가? 왜 병자호란 당시 청나라에 끌려갔다 돌아온 수많은 조선 여인들의 고통은 기억하지 않는가? 그리고 과거를 끊임없이 소환하여 한풀이하면서 한일관계를 훼손하는 것보다 양국이 미래지향적으로 원윈하는 길을 찾는 것이 현명하지 않은가? 피해자라고 해서 가해자에 대해 '한풀이'식으로 밀어붙이기만 하는 것은 국력이 뒷받침되지 않으면 오히려 득보다는 실이 많을 수 있다.

넷째, 흔히 한반도 주변 4강이라는 표현을 쓰는데 러시아가 한국 정부의 인식 속에 얼마나 자리를 차지하고 있는지 의구심이 든다. 역대 정부와 마찬가지로 현 정부도 출범 초기에는 러시아와의 협력에 대단한 의지를 과시하였으나 얼마 지나지 않아 수그러들었다. 러시아는 국제사회에서 여러 면에서 여전히 큰 영향력을 보유하고 있음에도 한국에서는 마치 러시아를 중국의 들러리 정도로 인식하고 있는 것 같다. 중국에 대한 과대평가와 마찬가지로 러시아에 대한 과소평가는 국익 관점에서 바람직하지 않다. 노태우 정부 이래 유라시아 진출을 거론해 왔는데 유라시아 지역의 핵심국가가 러시아 아닌가? 러시아는 우리 수출의 중국 시장에 대한 과도한 의존을 줄일 수 있는 대체시장으로서 의미가 있을 뿐만 아니라 우리가 필요로 하는 에너지 등 자원을 근거리에서 안정적으로 공급할 수 있는 나라이며, 높은 수준의 원천기술을 보유하고 있어 한국이 4차 산업혁명을 추진하는데 유용한 파트너가 될 수 있다. 그런데도 문재인 정부 초기에 대통령 직속으로 설치된 북방경제협력위원회는 현재 북방경제협력을 주도하지 못하고 현황을 모니터하는 역할에 그치고 있다.

러시아는 주변 4강 가운데 유일하게 공식적으로 남북한 통일에 지지를 표명하고 있는 나라이다. 러시아가 오랫동안 추진하고자 했던 철도·가스관·전력망 연결 등의 메가 프로젝트는 남북관계가 안정되거나 통일이 되어야 실현 가능하기 때문이다. 또한, 러시아는 북한 급변사태의 경우 예상되는 중국군의 북한 진입을 즉각 저지할 수 있는 유일한 국가이다. 러시아는 결코 북한 문제에 있어 중국의 들러리가 아니며 중국과 마찬가지로 북한을 자신의 영향권으로 인식하고 있으므로 북한에 대한 중국의 독점적 영향력 보유를 수용할 수 없을 것이다. 평양에 중국의 꼭두각시 정권이 들어서는 것은 러시아가 좌시할 수 없을 뿐만 아니라 한국의 입장에서는 통일이 요원해질 수도 있기 때문에 극히 경계해야 할 일이다. 이러한 측면을 고려하여 러시아를 남북통일의 우군으로 확보하는 전략을 구사해야 하나 한국은 이런 생각은 전혀 없는 것으로 보이며 북한에 대한 영향력 행사를 놓고 오로지 중국에만 매달리고 있다. 더욱 한심한 것은 유엔의 대북 제재를 상대적으로 보아 더 많이 위반하고 있는 중국을 우대하고 반면에 러시아를 홀대한다는 현실이다. 외교적 상상력을 발휘하여 중국을 견제하는 남북미러 간 전략적 협력도 생각할 수 있는데 현 정부에서는 기대하기 어려워 보인다.

이 책은 지난해 한러 수교 30주년을 맞이하여 다년간 러시아 근무 경험을 바탕으로 펴낸《한국 외교에는 왜 러시아가 없을까》이후 몇몇 매체에 기고한 글을 모은 것이다. 이 책의 핵심 메시지는 1) 미국을 서운하게 하지 말자 2) 일본을 너무 미워하지 말자 3) 중국에 휘둘리지 말자 4) 러시아를 경시하지 말자 이다. (*러시아의 경우,《한국 외교에는 왜 러시아가 없을까》에서 필자의 의견을 충분히 제시하였기 때문에 이번 책에서는 분량이 상대적으로 적다.)

대러시아 외교를 제외하고는 직접 현장에서 경험한 바는 없으나 30년 넘게 외교관으로 일하면서 쌓은 식견으로 4강과의 외교 이슈에 대해 쓴 글들이다. 누가 보아도 휘청거리는 한국 외교에 대해 나름대로의 견해를 피력해 보고 싶었다. 필자의 글을 읽으면서 공감할 수도 있고 그렇지 않을 수도 있을 것이다. 다만 대한민국만큼 외교가 중요한 나라가 없으며, 외교는 정치적·이념적·감정적 관점에서 경직된 접근을 하게 되면 엄청난 대가를 치르게 되므로 외교에는 투철한 국익 인식과 유연성이 요구된다는 점에 대해서는 모두가 동의할 것이다.

끝으로 작년에 이어 이번에도 졸저의 출간을 도와준 <우물이있는집>의 강완구 사장님과 박일구 실장, 대선 후보 경선에 출마하여 바쁘신 와중에도 흔쾌히 추천사를 써주신 박진 의원님께 감사드린다. 또한, 필자의 모든 글에 대해 의견을 나누고 첨삭해 준 최종현 전 주네덜란드 대사의 우정과 노고에 고마움을 표하지 않을 수 없다. 아마도 그의 채근과 격려가 없었더라면 이 책이 완성되기 어려웠을 것이다.

2021.9

박 병 환

※ 이 책에 수록된 글은 2020년 4월부터 2021년 9월까지 언론에 기고한 것이며 책으로 엮는 과정에서 일부 문구를 다듬었으며 기고 시점 이후 상황이 달라진 경우도 있음.

　　대한민국은 유엔무역개발회의(UNCTAD)가 생긴 1964년 이래 개발도상국에서 선진국으로 지위가 변경된 역사상 최초의 국가입니다. 경제 규모로는 사실상 G7에 버금가는 선진국 반열에 올랐습니다. 자원도 없이 수출로 먹고사는 대한민국이 오늘날 1인당 국민소득 3만 불 이상, 인구 5,000만 명 이상 국가들이 모인 "3050"클럽에 7번째로 가입할 수 있었던 데는 외교가 기여한 부분이 상당합니다.

　　그런데 오늘날 대한민국의 외교는 방향성을 잃고 표류하고 있습니다. 한미동맹은 신뢰가 손상됐고, 중국에는 대접은커녕 업신여김을 받고, 일본과는 아예 대화가 단절되고, 러시아에 대한 전략이 부재하고, 북한의 원색적인 비난과 도발에도 제대로 된 항의조차 못하는 것이 대한민국 외교의 현실입니다.

　　외교가 잘돼야 경제가 삽니다. 21세기에 세상은 반도체, 배터리, 수소차, 인공지능, 6G, 양자컴퓨팅, 바이오·건강관리 등 첨단 과학기술 분야에서 치열한 경쟁이 벌어지고 있습니다. 기술혁신은 국제질서 변화의 동력입니다. 세계 각국은 기술동맹을 통해 우방국을 세력화하는

데 박차를 가하고 있습니다. 이러한 거대한 변화의 흐름에 대한민국이 뒤처지고 고립되지 않으려면 대한민국의 지정학적 환경과 외교에 대한 깊은 성찰을 바탕으로 미래를 향한 새로운 비전을 펼쳐야 합니다.

박병환 유라시아전략연구소장이 그 해답을 제시하고 있습니다. 주러시아공사를 지내고 30년 이상 대한민국의 국익을 위한 외교 현장 최전선에서 활동해 온 박병환 소장은 수교 30주년을 맞이한 한러관계를 발전시키는데 지대한 공을 세워온 장본인입니다. 또한, 국제 정세를 꿰뚫어 보는 냉철한 시각을 바탕으로 대한민국 외교의 방향과 전략을 제시하는 외교전문가입니다.

박병환 소장이 이번에 발간한 《나침반이 잘못된 한국 외교》는 미중 간 글로벌기술 패권경쟁 속에서 방향을 잃고 표류하는 대한민국이 나아갈 생존전략을 제시하고 있습니다. 정상궤도를 이탈하여 삐꺽거리는 한미동맹의 정상화는 물론 한국의 인도 태평양 민주연합체인 "쿼드"(Quad) 참여, 그리고 우리의 최대 교역국인 중국과의 실리적인 공존, 지혜로운 소통과 당당한 주권 외교의 중요성을 역설하고 있습니다.

한미동맹은 군사동맹을 넘어서 가치동맹, 기술동맹으로 확대 심화되어야 합니다. 중국에 대하여는 과소평가나 과대평가가 아닌 냉철한 국익적 판단을 바탕으로 불균형적인 한중관계를 재정립해야 합니다.

저자는 또한 한일관계에 대해서 감정 외교를 지양하고, 진정성 있는 과거사 문제 해결과 미래지향적인 한일관계 수립을 위한 투트랙 외교를 펼침으로써 일본보다 더 강한 나라로 도약해야 한다는 강한 의지를 피력하고 있습니다. 한일 간의 관계개선과 전략적 협력은 한미일 3국 공조를 강화할 뿐만 아니라 미중 갈등 구조 속에서 한국의 위상과 역할을 높이는데 기여할 것입니다.

무엇보다도 우리 한반도와 국경을 인접하고 있는 세계 최대의 영토와 풍부한 자원을 보유한 국가인 러시아의 잠재력에 주목할 것을 강조하고 있습니다. 러시아와의 폭넓은 협력을 통해 북극항로가 개척되면 우리의 물류 산업에 혁신적인 활로를 찾을 수 있을 것입니다. 그리고 연해주 개발을 통한 식량안보의 활로를 모색하고, 천연가스 등 자원 개발을 위한 에너지 협력과 우주항공기술 협력을 추구하는 것은 우리의 경제발전과 국익 증진에 큰 도움이 될 것입니다. 더 나아가 러시아는 한반도 통일과정에서 중국을 견제하고 북한의 변화를 유도하여 통일을 연착륙시키는 데 도움을 줄 수 있을 것입니다.

아무쪼록 외교전략에 관심을 가진 많은 독자들이 《나침반이 잘못된 한국 외교》를 통해 치열한 기술경쟁 시대에 대한민국의 정체성과 주권을 지키며 생존전략을 찾고 미래먹거리를 창출할 수 있는 새로운 나침반을 찾는 계기가 되길 바랍니다. 저자의 각고의 노력이 결실을 맺은 것에 대한 축하와 함께 추천사를 끝맺음하고자 합니다.

2021.9.4

국회의원 박진 (제18대 국회 외교통상통일위원장)

I. 총론

한국 외교 이대로 괜찮은가?

　외교란 한 국가의 생존과 번영을 담보하기 위해 대외관계를 관리하는 일이다. 그런데 문재인 정부에 들어와 과연 우리 외교가 바람직한 방향으로 전개되고 있는가에 대해 문제 제기와 우려가 이어지고 있다. 현 정부가 뭐라고 하든 객관적으로 또는 제3자의 관점에서 보면 중국에 대한 한국의 핀란드화(Finlandization) 현상, 한미동맹으로부터 이탈, 대일 관계의 심각한 훼손, 대러 협력의 전략적 중요성에 대한 인식 부재 등이 관찰되고 있다. 한국 외교가 어떻게 잘못되고 있는지 주요 상대국별로 정리해 본다.

중국에 휘둘리고 있다

　2017년 12월 문재인 대통령은 중국 방문 시 베이징 대학교에서 대한민국 국민들을 어리둥절하게 하는 연설을 하였다. 그는 중국을 '높은 산봉우리'라고, 한국은 그 주변의 '작은 나라'라고 표현하고, 양국 관계의 역사를 장황하게 설명하면서 특히 양국은 '식민제국주의'를 함께 이겨낸 동지적 관계라고 규정하였다. 이어 앞으로 중국 중심의 인류운명공동체 구축이라는 소위 '중국몽'에 동참하겠다고 하였다. 현 정부는 문 대통령의 방중에 앞서 11월 초 중국에 '미사일방어체계 구축, 사드 추가배치, 한미일 군사협력'을 하지 않겠다는 이른바 '3불 (不) 정책'을 표명하였다. 이처럼 언행 양면에서 중국의 비위를 맞추었건만 시진핑 주석은 문 대통령을 노골적으로 홀대하였으며, 중국이 사드 배치를 빌미로 취한 한국에 대한 경제제재는 여전히 변함이 없다. 문재인 정부의 대중국 자세는 현 정부의 초대 주중 대사 노영민 씨가 신임장을 제정할 때 방명록에 '만절필동 공창미래(萬折必東 共創未來)'라고 썼을 때 예견되었는데 문 대통령은 한국은 중국과 '운명공동체'라는 이야기를 기회만 있으면 하고 싶어 하는 것 같다.

미중 갈등이 격화되는 가운데 미국은 쿼드(미국, 일본, 인도, 호주) 정상회의까지 개최하는 등 대중 압박 정책을 강화하면서 한국의 동참을 기대하고 있는데 한국은 중국을 의식하여 소극적 자세를 취하여 한미동맹에 부정적 영향을 줄 것을 우려하는 목소리가 나오고 있다. 현 정부의 외교정책 멘토로 불리는 모 인사는 '한국은 미중 사이에서 초월적 외교를 해야 한다' '한국이 중국에 핵우산을 요청하면 어떨까' 등 저의가 의심스러운 궤변을 늘어놓고 있다. 중국의 고위 외교당국자 양제츠와 왕이는 방한 때마다 거만한 언행을 펼치며 노골적으로 한미관계를 벌리려 하였다. 지난 3월 한미 외교장관 회담 직후 정의용 외교장관은 왕이의 '호출(?)'을 받고 베이징도 아니고 머나먼 남부 해안 도시 샤먼으로 동남아국가 장관들과 회담하고 있던 왕이를 찾아

갔다. 주한 중국 대사는 얼마 전 정치적으로 편향된 논조를 갖고 있다고 지적되는 라디오 방송 프로그램에 출연하였다. 외교관은 주재국에서 철저히 정치적 중립을 지키는 것이 기본이다. 그런데도 그러한 프로그램에 중국 대사가 출연한 것은 한국을 우습게 보고 있는 데서 나온 행동이 아닐 수 없다. 지난주 더불어민주당 모 의원은 소셜미디어(SNS)에 "문재인 대통령이 방미 귀국길에 중국 측에 한미정상회담 내용을 설명해주면 좋을 것"이라고 올렸다가 삭제했는데 많은 국민이 참담한 마음이었을 것이다.

현 정부는 서해에서의 중국어선의 불법 조업 단속에 소극적이며, 더욱이 중국 해군이 서해를 내해화(內海化)하려는 지속적인 시도에 대해 아무런 대처도 하지 않고 있다. 2013년 중국은 우리 군에 동경 124도 서쪽으로 들어오지 말라고 일방적으로 통보했고 우리 해군 함정이 124도 서쪽으로 이동하면 중국 해군이 달라붙어 자신의 작전구역이니 나가라는 경고를 하면서 중국은 이 선을 넘어 백령도 앞바다까지 진출하고 있다. 하지만 한국 정부는 이에 대해 항의한 적이 없다.

또한, 중국인들이 주 대상인 외국인의 한국 영주권 및 국적 취득을 쉽게 하는 방향으로 관계 법령 개정을 추진하고 있다. 눈을 지자체로 돌려 보면 일부 지자체는 위장된 차이나타운 조성사업을 추진하고 있다. 6.25 남침 시 북진 통일을 가로막은 것이 중공군의 참전인데 중공군을 괴멸시킨 전장인 파로호(破虜湖)에 대해 중국 측의 요구로 이름을 바꾸려는 움직임이 있었으며, 강원도 도의회 의원들은 심지어 강원도 내 중공군 전사자를 추모하는 기념물을 세우자는 제안을 하였다고 한다. 강원도 지역에서 나라를 지키기 위하여 중공군과 싸우다 산화한 국군 영령들이 지하에서 통곡할 일이다.

중국은 한민족의 역사를 앗아가는 '동북공정'을 완성하고 이제 문화까지 넘보는 것 같다. 최근 드라마 '조선구마사'의 내용이 문제가 되었는데 작가 개인의 일탈이 아니고 중국의 입김이 작용한 것은 아닌가 우려를 금할 수 없다. 동북공정과 관련하여 지난 수년간 있었던 일 가운데 가장 심각한 것은 시진핑이 2017년 트럼프와의 정상회담에서 한 발언이다. 그는 '한국이 중국의 일부였다'라고 하였다는데 현 정부, 나아가 여야를 불문하고 정치권에서도 주목할 만한 반응이 없었다. 과거사 관련 일본 고위인사의 발언에 대해서는 즉각 강하게 반응하면서 일본의 과거사 발언 보다 훨씬 문제가 있는 시진핑의 발언에 온 나라가 아무 말도 안 하고 침묵하는 것을 어떻게 해석해야 할까?

한마디로 중국이 한국을 휘젓고 있는 형국이다. 문제의 심각성은 어쩔 수 없는 것이 아님에도 불구하고 중국의 오만을 순순히 받아주어 한국 스스로 중국에 휘둘리고 있다는 데 있다. 문 대통령의 베이징대 연설문은 조선 후기 노론세력의 영수인 송시열이 쓴 글이 아닌가 하는 생각이 들 정도로 역겹다. 인류 역사에서 한 주권국가의 국가원수가 그러한 연설을 한 적이 있을까? 중공군 때문에 통일이 좌절되었고 그들을 물리치기 위해 수많은 국군 장병이 희생되었는데 한국과 중국은 '식민제국주의'를 함께 이겨낸 동지적 관계라고 하니 기가 막히지 않을 수 없다. 역사 지식이 없거나 역사관이 뒤틀려있지 않고는 나올 수 없는 이야기이다.

중국과의 관계에 있어 최대 교역국이라는 경제적 측면을 고려할 수밖에 없다는 이야기가 자주 나온다. 우리 수출에서 중국 시장이 차지하는 비중이 가장 큰 것은 사실이나 내용을 들여다보면 대중 수출의 약 70%가 현지 진출 한국기업들이 사용하는 원부자재이며, 한국 기업들은 중국 근로자의 임금이 크게 상승하고 무역보복 등 불안정성으로 인해 베트남, 인도 등 보다 안정적인 대체시장으로 많이 이전하고 있다. 따라서 경제적 요인 이야기는 과장된 것이며, 그리 설득력 있는 것도 아니다. 더욱이 한국은 세계시장의 여러 분야에서 중국과 치열한 경쟁 관계에 있다. 중국이 한국을 먹여 살리고 있다든지 또는 중국에의 경제적 의존이 마치 우리의 숙명이라든지 하는 생각 또는 주장은 사실과 거리가 멀다.

북한 비핵화를 비롯하여 한반도의 평화와 안정 나아가 통일 과정에 있어 중국의 협력이 긴요하다는 주장은 중국의 대한반도 정책과 일치하지 않는다. 중국에 있어 가장 바람직한 한반도 상황은 남북한 간에 전쟁으로까지 비화되지는 않을 정도로 긴장이 유지되고 그 과정에서 남북한 모두 힘이 빠지는 상태일 것이다. 실제로 중국은 이한제한(以韓制韓) 정책을 펴고 있다. 다만 중국도 자신의 경제발전에 미칠 영향을 염려하여 한반도에서 전쟁 재발을 원치 않는다는 점에서는 우리와 이해관계가 일치한다. 즉, 한반도에서 어느 정도 안정이 유지되는 데는 중국의 국익도 걸려 있다. 우리가 저자세로 부탁할 일이 아니다. 그런데도 왜 우리는 중국에 매달리는 듯한 태도를 보이는가? 또한, 한국에서는 북한에 대한 중국의 영향력을 과대평가하는 경향이 있는데 현정부에 들어와 더욱 심해졌다. 트럼프-김정은 회담이 열린 길지 않은 기간에 시진핑이 여러 번 김정은을 만났는데, 이를 과연 중국의 대북 영향력이 상당하고 중국이 그것을 행사한 것으로 해석할 수 있을까? 그래서 북한에 대해 미국과 이번에는 타협 또는 합의를 보라고 권고하기 위한 만남이었나? 사실은 시진핑은 트럼프의 스타일로 보아 혹시라도 미북 간에 중국에 불리한 '깜짝 딜'이 있지는 않을까 하는 초조함이 있었던 것으로 보인다. 실제로 당시 미국에서 민간연구기관 차원이지만 한반도 내 '2개의 친미 국가론'이 나오기도 하였다. 그렇다면 중국의 북한에 대한 영향력은 한국이 생각하는 것과는 정반대 방향이 아닐까?

언젠가 북한에 정상적인 체제가 들어서고 그로 인해 북한의 경제가 성장하고, 남북한이 민족공동체가 되면 이는 중국으로서는 반길 일이 아니다. 만주 지역(중국 동북 3성)은 수천 년 역사에서 한 번도 한족(漢族)의 영역이었던 적이 없다. 그곳에는 현재 조선족이 살고 있는데 압록강과 두만강 건너에 더이상 반목하지 않는 남북한이 존재하는 상황은 중국으로서는 악몽이 될 수 있다. 중국이 대한민국에 협조하는 데는 근본적 한계가 있다는 점을 우리는 명심해야 한다. 중국의 우리 문화까지 앗아가려는 기도 등으로 최근 들어 우리 사회에서 대중국 경계심이 형성되고 있는데 문재인 정부의 대중국 자세, 태도 및 정책은 과거 핀란드의 대소련 자세, 태도 및 정책을 생각하게 한다. 한국은 역사, 국력 등 여러 면에서 소련 앞에 선 핀란드가 아니다. 그런데도 그러한 길을 가려 한다면 어떻게 설명해야 하는가? 이런 현상이 이전 정부에서도 다소 나타났는데 문재인 정부에 들어와 현저해졌다는 것이 문제이다.

미국을 서운하게 하고 있다

현재 한미 간 주요 현안은 북한 비핵화 및 북한 인권 문제에 대한 접근, 사드 배치, 전시작전권 환수, 한미연합훈련 및 방위비 분담, 그리고 미중 갈등 격화에 따른 미국의 반중 전선 참여 여부 등이다.

북한 핵에 대한 유엔 안보리의 제재에 대해 이인영 통일부장관을 비롯한 현 정부 인사들은 북한의 어려운 실정을 고려하고 남북협력을 추진하기 위해 북한의 비핵화 조치 실행 여부와 관계없이 부분적인 해제 필요성을 꾸준히 거론하고 있다. 문재인 정부는 북한 핵은 한국이 아니라 미국에 대한 위협일 뿐이며 미국이 남북협력을 가로막고 있다고 생각하는 것으로 보인다. 문재인 정부는 출범 초기 '평화 쇼'가 진행되는 동안에도 북한에 대해 핵 포기를 제대로 요구한 적이 있었던가? 오히려 현재 미국을 비롯한 국제사회로부터 한국은 제재 의무를 회피하고 있지 않나 하는 의혹의 눈초리를 받고 있다. 이인영 장관은 미국의 요청으로 대북 제재 이행과 관련된 사안을 협의하기 위해 만들어진 한미 워킹그룹에 대해서도 비판적이다. 또한 해리스 미국 대사가 지난해 "한국은 북한과의 어떤 계획도 한미 간 실무협의를 통해서 해야 한다"라고 발언한 데 대해 더불어민주당 송영길 의원은 "조선 총독인가"라며 강한 어조로 비판했다. 한마디로 대북 제재에 대해 현 정부는 미국과는 다른 생각을 하고 있다. 북한 인권상황에 관해서도 한국은 유엔인권이사회의 북한 인권 결의안 공동제안국에 이름을 올리지 않는 등 소극적 태도로 일관하고 있다. 최근 '대북 전단 금지법'에 대해서 미 의회에서 문제를 제기하자 '내정간섭'이라고 받아치고 있다. 사드 배치 결정에 대해 중국이 반발하여 제재를 위협하였을 때 중국에 대해 내정 간섭하지 말라고 반박한 적이 있던가?

사드 배치 결정은 박근혜 정부 때 이루어졌는데 현 정부는 2017년 중국의 압력에 굴복, 사드 추가 배치를 하지 않겠다고 하여 당초 구상이 상당히 훼손되었다. 게다가 성주 사드 기지 공사의 환경영향평가가 지연되고 있고 장비와 자재 반입이 시위대에 의해 매번 무산되는 등 어려움을 겪고 있다. 이 과정에서 군과 경찰 등이 미온적인 대처를 하고 있어 미국은 여러 차례 우려를 표명한 바 있다.

한미연합훈련이 올해 3년째 대폭 축소된 형태로 야외 기동훈련 없이 컴퓨터 시뮬레이션 방식으로 진행되었다. 통일부 장관은 "훈련의 연기도 생각하였으나 전작권 환수를 위해 부득이 최소한으로 하였다"라고 말하여 현 정부의 속내를 드러내었다. 한미연합훈련은 1968년 북한 무장공비들의 청와대 습격 기도에 따라 1969년 시작되어 오늘까지 한국의 안보에서 긴요한 부분인데 현 정부는 이를 마지못해서 한다는 태도를 보이고 있다.

전시작전권 환수 논의는 1980년대 말 시작되어 몇 번 반전이 있었다. 현 정부는 임기 내 완료를 목표로 하나 한국군이 북한의 핵무기 및 장거리 미사일 공격에 즉각 대응할 수 있는 능력을 갖췄을 때 환수한다는 조건의 충족을 내세우는 미국 측 입장과는 상당한 거리가 있다. 주권국가로서 전시작전권이 없다는 것은 비정상적이라는 여권 인사들의 주장이 잘못된 것이라고 할 수는 없다. 하지만 이 사안은 궁극적으로 미군 주둔 문제와 연계되어 있고 우리 역량을 충분히 제고하지 않은 상태에서 전작권 환수는 지휘체계를 둘러싼 한미 간 불협화

음만 유발할 것이다. 방위비 문제도 트럼프 대통령 때 한국 분담액의 급격한 인상을 요구하는 무리수를 두기는 하였으나 마치 미국이 한국에 대해 제재 내지는 적대행위를 한 것처럼 우리 사회 일각에서 보인 과도한 반응에 대해 미국은 어떤 판단을 하였을지 짐작된다.

최근 미중 갈등이 격화하면서 미국은 중국에 대한 경제적, 비경제적 제재를 강화하는 한편 쿼드(미, 일, 인도, 호주)를 결성하여 반중 연합전선을 구축하고 있다. 이에 대해 한국은 미국이 명시적으로 요구한 바 없다고 하면서 반중 연대 프로그램에 하나도 참여하지 않고 있다. 이 점은 지난 3월 서울에서 열린 한미 외교·국방장관(2+2) 회담에서 확인되었다. 미국 국무장관은 한국 외교장관과 만나서 중국과 관련하여서는 아예 언급하지 않는 지경까지 되었다. 또한, 미국은 한미일 안보 협력의 복원을 중요하게 생각하나 한국은 이에 대해 지극히 소극적인 입장을 보이고 있다. 이러한 상황에서 한국 외교장관은 백신 부족 문제와 관련하여 미국에 대해 '어려울 때 친구가 진정한 친구'라고 하면서 지원을 요청하였다. 국가 간 관계는 기본적으로 주고받는 것을 철칙으로 한다. 이 점을 누구보다도 잘 아는 외교관 출신 장관이 '진정한 친구' 운운하다니 우리 외교의 수준을 드러내는 것은 아닌가 걱정이 앞선다.

누가 보더라도 현재 한미관계 나아가 한미동맹은 흔들리고 있다. 그런데도 현 정부는 모호성을 유지하면서 미중 사이 줄타기 외교를 하고 있다. 중국이 두렵고 경제적 이익 때문에 미국과 거리 두기를 한다는 것인데 그러면 한국의 중국에 대한 입지가 강화될 것인가? 이제 한국이 성장하여 미국에 대해 '노(NO)'라고 말할 수 있게 되었다는 것인가? 그렇다면 왜 중국에 대해서는 '노'라고 말하지 못하는가? 누가 뭐라고 하더라도 한국에 대한 위협은 북한과 중국에서 오는 것이다. 그렇다면 미국과의 동맹을 약화시킬 것이 아니라 유지하고 강화해야 하는 것 아닌가? 그런데 여권 고위인사들은 현 정부의 한미동맹에 관한 인식에 대해 국민들을 혼란스럽게 하는 발언을 계속하고 있다. 국립외교원 김준형 원장은 최근 자신의 저서에서 한미동맹을 '가스라이팅(타인의 심리에 조금씩 계속 영향을 주어 그 사람을 지배하는 행위)'에 비유하고 '동맹 중독'을 끝내야 한다고 하였다. 문정인 세종연구소 이사장은 '미중 갈등 속에 한국이 미국 편에 서는 경우 한반도의 평화와 번영을 담보할 수 없어 어느 진영에 속하지 않는 초월적 외교가 한국이 나아갈 길'이라고 하였다. 그는 심지어 작년 12월 어느 행사에서 '북한 비핵화가 안 된 상태에서 미군이 철수하면 중국이 핵우산을 제공할 수 있느냐?'고 미국 참석자 앞에서 중국 참석자에게 질문하기도 하였다. 문 이사장은 5월 문 대통령의 방미 직전에는 "북한은 인권 문제를 들고나오면 대북 적대시 정책이라고 본다. 그 순간 대화 무드로 나오기는 힘들어진다"라고 하였다. 또한, 지난주 한미 정상회담 직후 여당의 모 의원은 '귀로에 중국에 들러 한미정상회담 결과를 설명하라'고 하였다. 이러한 언사들은 현 정부가 미국보다는 중국과 북한과의 관계를 우선하고 있음을 여실히 보여준다.

어려서 자주 들은 얘기로 미국은 '병 주고 약 주는 나라'라는 말이 있다. 앞부분은 2차 대전 이후 결과적으로 남북이 분단된 점, 냉전 시절 반공이라는 관점에서 한국의 권위주의 정부에 대한 지지 등이 해당될 것이고, 뒷부분은 북한의 남침 격퇴, 이후 대북 억지력 제공, 한국의 경제성장 및 발전 지원 등이다. 남북분단은 미국만의 책임이 아니며 2차 대전 이후 냉전의 산물로서 미국과 소련의 공동 책임이다. 미국의 한국 군사정권 지지에 대한 비난에는 미국을 국익에 따라 행동하는 정상 국가가 아니라 전지전능의 도덕적 존재로 보는, 국제사회의 성격에 대한 근본적 몰이해가 깔려 있다. 이제까지 한국의 경제발전은 여러 요인이 복합적으로 작용한 결과이다. 미국이 제공하는 안보 우산 속에서 우리는 경제발전에 매진할 수 있었으며, 미국은 또한 한국에 투자하고 그들의 시장을 열어 주었다. 물론 미국의 이러한 정책은 미국의 국익에 기초한 행동이었다.

현 정부는 남북관계가 좋아지는 것이 국민의 표를 얻을 수 있다는 전제 아래 어떻게 해서든지 남북관계의 물꼬를 트기 위해 부심하고 있다. 걸림돌인 북한 핵 문제의 열쇠를 쥐고 있는 미국에 대해 미국의 관심사에 대해서는 협조하지 않으면서 일방적으로 요구만 하고 있다. 반면에 남북관계나 북한 비핵화에 기여할 바가 별로 없고 그럴 의지도 갖고 있지 않은 중국에는 매달리고 있다. 이런 한국을 미국이 '어려울 때 도와주는 진정한 친구'라 생각할까?

일본을 맹목적으로 그리고 지나치게 미워한다

우리는 일제 치하 징용 및 위안부 피해자들에 대해 일본 정부 또는 기업이 배상과 사죄를 하지 않는다고 일본을 비난하고 있다. 그런데 인류 역사상 국가 간 관계에서 한 나라가 상대방에 대해 잘못을 인정하고 사죄하고, 그에 따라 배상한 경우는 일반적이지 않다. 중앙집권화된 국가 내부에서도 누군가로부터 폭행을 당한 경우 국가의 사법기관이 피해자를 충분히 만족시키는 판결을 내리는 경우가 그리 흔하지 않다. 국가는 그래도 가해자를 처벌할 수 있는데 분권화되어 있는 국제사회에서는 주권국가에 대한 강제적인 사법절차가 확립되어 있지 않다. 위안부 문제를 국제사법재판소(ICJ)에 회부하자는 주장이 있다. ICJ 법관들의 다수는 과거 식민제국주의 국가 출신들이어서 법관 개인적으로 공감한다고 해도 한국인들이 희망하거나 기대하는 판결이 나오기가 쉽지 않을 것이다. 특히 징용 배상 문제는 배경보다는 법리적 측면만 따지게 되므로 1965년 한일 청구권 협정에서 징용 배상 문제가 일단 정리된 이상 피해자들이 기대하는 판결은 쉽지 않을 것이다.

일본이 한국에 대한 사과에 대해 미온적인 또는 뻔뻔스러운 태도를 보일 때마다 우리 사회에서는 독일의 경우를 이야기한다. 빌리 브란트 독일 총리가 폴란드의 바르샤바를 방문하여 유대인 학살 추모비 앞에서 무릎을 꿇고 독일 지도자로서 나치 독일의 죄과에 대해 참회하는 사진은 우리나라에서 모르는 사람이 없다. 그런데 독일은 그렇게 할 수 있고 그렇게 할 수밖에 없는 이유가 있다. 우선 2차 대전이 끝나고 나치 지도자들이 전면적으로 제거되었기 때문에 이후 독일의 지도층은 나치 독일과 거리를 둘 수 있었다. 일본의 경우는 전범 재판에 회부되었던 군국주의 지도자들 중 일부는 사면되거나 심지어 정계에 복귀하는 등 기본적으로 군국주의 세력이 제거되지 못하였다. 그리고 나치 독일이 범죄를 저지른 대상은 유대인이었다. 독일이 유대인에 대한 범죄를 부인할 경우, 전후 최강국이 된 미국에서 큰 영향력을 갖고 있는 유대인들이 독일을 가만 놔둘 리가 없다. 독일은 유대인 학살에 대해 기회가 있을 때마다 반성과 사죄의 뜻을 표하고 자국민들에게 그렇게 가르쳐 왔다. 독일의 행동을 양심이 아닌 계산에 의한 것으로만 치부할 수는 없겠으나 어쨌든 독일과 일본의 경우는 다르다는 점을 알아야 한다.

독일의 식민지였던 아프리카 서남부의 나미비아가 독립하고 나서 독일에 식민지배에 대해 사과하고 보상하라고 끈질기게 요구하고 있지만, 독일은 아직 아무런 반응을 보이지 않고 있다. 독일 사회가 '도덕적으로 성숙함'에도 불구하고 유대인 문제와는 달리 나미비아에 대해서는 전혀 다른 태도를 보이는 것을 어떻게 설명하여야 하나? 한마디로 나미비아에 대해서는 사과하지 않아도 별문제 없으리라 생각하기 때문일 것이다.

(*필자의 본 기고 작성 시점 이후 5.28자 외신 보도에 따르면 독일 정부는 나미비아에서 117년 전 발생한 사태에 대해 사과하고, 11억 유로(약 1조 4,942억 원)를 제공하기로 했다고 함. 다만, 양국 정부의 공동선언은 과거사에 대해 '집단 학살'로 규정하면서도 '배상'이나 '보상' 용어는 사용하지 않았다고 함.)

문재인 정부가 박근혜 정부의 2015년 12월 위안부 합의를 사실상 파기하고 이어서 2018년 강제징용 배상 판결이 확정되자 한국과 일본 사이에 긴장이 고조되었다. 일본은 반도체 제조에 필요한 소재 부품 등의 수출을 규제하였고 한국은 한일군사정보보호협정의 파기를 시사하였다. 현 여권에서는 '죽창가'를 부르고 이순신 장군을 들먹이며 일본 때리기와 일본 상품 불매운동을 부추겼다. 그런 와중에 여권 인사가 일식집에서 회식한 것을 놓고 논란이 일 정도로 우리 사회의 대일 인식은 오로지 감성의 차원으로만 치달았다. 박근혜 정부 때에도 한일관계가 냉각되어 있었는데 현 정부 들어와 양국 관계는 악화를 거듭하였다. 이 와중에 애꿎은 일부 우리 기업들만 어려움을 겪어야 했다. 그런 가운데 올해 1월에 나온 위안부 배상 판결에 대해 현 정부는 징용공 판결 때와는 달리 '곤혹스럽다'라는 반응을 보였다. 일본 정부는 더욱 당당한 태도를 보였다. 어느 국가를 다른 나라의 국내 법정에서 피고로 하여 재판을 할 수 없다는 '국가면제'라는 국제관습법을 들고 나왔다.

최근 징용 배상 판결 이행과 관련하여 피고 일본기업의 한국 내 자산 감정평가가 실시되었다고 한다. 이제 와서 징용 배상 판결을 뒤집기도 쉽지 않아 보인다. 2018년 모 여권 인사가 '이제는 지지 않겠다'라고 하였는데 달라진 것이 무엇인가? 일본의 수출규제를 WTO에 제소하였으나 시원하게 해결되었나? 한일군사정보보호협정을 우리 뜻대로 파기하였나? 도대체 피해자가 가해자에게 휘둘리는 어처구니없는 상황을 누가 만들었나? 집권당은 국민감정을 이용하여 정치적 이득을 챙겼는지 모르겠으나 국가적으로는 얻은 것은 없고 잃은 것만 있다. 이러한 결과는 이미 징용공 배상 판결이 나오기 전에 예견된 것이다. 현 정부가 그러한 예상에 대해 전혀 귀를 기울이지 않아 우려는 현실이 되고 말았다. 아이보시 고이치 신임 주한 일본대사는 지난 2월 부임하여 4월에 문 대통령에게 신임장을 제정하였는데, 강창일 신임 주일 한국대사는 지난 1월에 부임하여 4개월만인 5월25일 일왕에 신임장을 제정하였으나 아직 스가 일본 총리는 물론 외교장관 예방도 못하고 있다.

징용공 및 위안부 문제는 무 자르듯이 해결하려고 하기보다는 계속 한일 간 이슈로서 쥐고 있으면서 일본에 압박을 가할 필요가 있을 때마다 카드로 활용하는 것이 상책이라고 할 수 있다. 일본인들도 역사적 사실을 알고 있고 어느 정도 도덕적 죄의식이 있을 것이기 때문이다.

한편 독도 문제는 어떤가? 일본 정부의 공식 문서나 교과서에서 일본 땅이라고 할 때마다 외교부가 나서서 항의한다고 하는데, 우리 내부를 둘러보자. 정부 기관인 동북아역사재단이 동북아역사지도를 만들면서 독도를 우리 땅으로 표시하지 않는, 기가 막히는 일이 벌어져도 현 정부는 내버려 두었다.

한국과 일본의 관계는 과연 끊어버리고 싶은 끈질긴 악연일까? 수천 년 양국 관계를 볼 때 갈등보다는 평화와 교류의 시기가 훨씬 더 길었다. 역사적으로 거친 바람은 오히려 북쪽으로부터 더 자주 불어왔다. 문재인 정부는 6.25 전쟁 당시 국군이 침략자 중공군과 맞서 싸우는 과정에 엄청난 희생을 치른 역사적 사실에도 불구하고 미중 갈등 속에서 소위 안미경중(安美經中)을 표방하면서 중국을 의식하여 동맹인 미국에 대해 전략적 모호성을 유지할 수밖에 없다고 한다. 그러면 우리에게 일본과의 경제 교류도 매우 중요한 데 왜 일본에 대해서는 과거사만을 들먹이며 자해행위를 하는 것일까? 김대중 대통령이 역설하였듯이 양국 관계는 미래로 나아가야 한다. 다만 일본의 사죄를 받고 싶다면 어설프게 감정을 폭발시킬 것이 아니라 와신상담하여 일본보다 더 강한 나라를 만들어야 할 것이다.

러시아를 여전히 경시한다

북방정책을 표방하고 소련과의 수교를 추진했던 노태우 정부 시절에는 한국 외교의 지평과 한국인의 대외 경제활동 무대가 획기적으로 확대되는 성과가 있었다. 지난 30여 년간 한러 간 경제협력과 교류가 꾸준히 증가해온 것은 사실이나 그 잠재력을 생각하면 기대에 미치지 못하고 있다. 역대 정부는 대러시아 정책에 있어 내용은 대동소이한데 오로지 정권 홍보를 위하여 명칭을 이렇게 저렇게 바꾸며 말의 성찬을 펼쳐왔다. 그리고 러시아를 단순히 북한 관련 정보를 얻는 채널로만 생각하는 경향을 보여 왔다. 그 결과 러시아는 한국에 대해 불만을 품게 되고 한국의 진정성에 물음표를 던지고 있다.

문재인 대통령은 취임 초기에는 러시아에 대해 과거 정부와는 다른 모습을 보여주었다. 과거에는 한국 대통령이 주변 4강 중 러시아는 맨 나중에 방문하거나 때로는 취임 다음 해에 방문하였는데 문 대통령은 취임한 지 얼마 안 되어 2017년 9월 블라디보스토크에서 개최된 3차 동방경제포럼에 참석하여 푸틴 대통령과 정상회담을 했다. 이 계기에 신북방정책을 천명하고 양국 간 협력 분야로서 가스, 전력, 조선, 북극항로, 철도, 항만, 일자리, 농업, 수산 분야 등 소위 9개 다리(nine-bridge) 전략을 제시하였다. 또한, 대통령 직속으로 북방경제협력위원회를 설치하고 유력 정치인을 위원장으로 임명하였다. 문 대통령이 이처럼 대러 협력에 대해 강한 의지를 표명하자 문 대통령의 2018년 러시아 월드컵 계기 방문 시 러시아 정부는 1999년 김대중 대통령의 방러 이후 19년 만에 한국 대통령을 국빈으로 맞이하였다.

동방경제포럼은 러시아 정부가 극동 러시아 지역 개발을 촉진하기 위해 아태지역 국가들과의 협력을 도모하는 플랫폼 기능을 하는 포럼이며 푸틴 대통령이 매번 참석하고 중국, 일본 등 비중 있는 나라의 지도자들도 참여하는 무게 있는 의견교환의 장이다. 특히 아베 총리는 재임 중 매번 참석하여 대러 협력에 공을 들였다. 그런데 한국은 2018년 4차 포럼에는 이낙연 총리가 대리 참석하였고 2019년 5차 포럼에는 홍남기 부총리가 참석하였다. 이런저런 이유 또는 사정이 있었겠으나 문 대통령의 관심이 줄어들었음을 보여준다. 취임 초기에 철도 연결, 가스관 건설, 전력망 연결 등 해묵은 메가 프로젝트 이야기를 반복하고 동아시아철도공동체 창설을 거론해 국민들에게 기대감을 불어넣어 상당한 홍보 효과를 이미 거두었다고 판단한 결과는 아닐까?

게다가 북방경제협력위원회 위원장을 맡았던 송영길 의원은 당 대표 선거에 출마한다고 1년 만에 자리를 내놓고 후임에는 골드만삭스 출신으로서 1년간 IMF 모스크바 사무소장 근무 경력이 있는 사람을 북방 경협 관련 전문성이 있는 사람이라고 하면서 임명하였다. 북방경제협력위 자문위원 면모를 보면 러시아를 비롯한 북방 지역 전문가가 아닌 사람들이 다수이다. 이러다 보니 대러시아 경협 추진의 컨트롤 타워 및 견인차 역할을 수행하지 못하고 단지 민간 기업이나 공공 기관에서 추진하고 있는 사업들의 현황을 취합하여 보고하는 일에 그치고 있다.

한러 경협을 주로 남북러 삼각협력이라는 틀에서 접근하는 데는 문제가 있다고 본다. 현재와 같은 유엔의 대북 제재 상황에서 철도, 가스관, 전력망 등 메가 프로젝트를 거론하는 것은 공허하고 무의미하다. 따라서 우리는 한러 협력에 집중할 필요가 있다. 한국에 러시아는 단지 러시아 시장뿐만 아니라 과거 소련에 속했던 지역까지 포괄하는 의미가 있다. 그간 한러 간에 서비스투자 분야 FTA 협상이 진행되어 왔는데 좀 더 밀도 있는 협상을 통해 조기에 타결되어야 할 것이다. 현재 우리 수출의 대중국 의존도가 높다고 하는데 그렇다면 유라시아 지역 시장 개척을 강화해야 하는 것 아닌가? FTA는 이를 위한 기반이 될 것이다. 그리고 극동 러시아 지역 개발 협력은 단순히 경제적 의미만 갖는 것이 아니고 향후 지정학적으로 중요한 함의를 갖고 있다. 이 지역은 인프라 부족, 인구 정체 등으로 아직도 본격적인 경제발전 궤도에 진입하지 못하고 있는 가운데 중국인들의 '평화적 잠식'이 진행되고 있어 러시아 정부가 크게 우려하는 지역이다. 그 결과 여러 정책을 내놓고 있다. 현재로서는 한국 기업들이 이 지역에 진출하여 단기적으로 이익을 내기가 쉽지 않겠으나 이 지역의 정치·경제적 의미를 생각할 때 긴 안목에서 때를 놓치지 말아야 할 것이며, 이를 위해서 정부 차원의 지원이 절실하다.

북한에 대한 영향력에 있어서 중국을 우선하고 러시아는 별 볼 일 없는 듯이 치부하는 경향이 있는데 북한에 대한 지원도 석유, 가스 등 에너지를 수입하는 중국과 수출하는 러시아 가운데 어느 나라가 더 능력이 있을까? 러시아는 자제하고 있을 뿐이다. 작년 4월 블라디보스토크 러북 정상회담 직후 러시아 대통령 특사가 왔을 때 문 대통령은 러시아 측의 말에 대해 별로 경청하지 않는 모습을 보였다. 문 대통령의 머릿속에는 오로지 중국 생각뿐이라서 그런가? 한반도에서 현상 유지만을 선호하는 중국, 그리고 남북이 교류하고 협력하거나 나아가 통일된 상태를 선호하는 러시아 가운데 한국은 어느 쪽을 중시하여야 하겠는가? 물론 러시아가 중국과 입장이 다른 것은 자신의 국익에 합당한 판단에 따른 것이다. 그리고 한국에서는 미국의 압력에 대항하기 위해 러시아와 중국이 거의 동맹 수준으로 밀착하고 있는 것으로 보고 있으나 역사를 되돌아볼 때 양국 간 긴밀한 협력에는 한계가 있으며 앞으로 국제정세의 변화에 따라서는 어떻게 변할지 알수 없다. 더욱이 북한에 대한 이해관계도 양국이 같을 수 없다. 중국과는 달리 러시아는 북한에서 급변사태가 발생하는 경우 한국의 우군이될 수 있다고 본다.

한국에서 러시아의 존재감이 중국보다 상대적으로 낮은 것이 현실이다. 한국이 동북아시아라는 좁은 틀에서만 러시아를 바라보기 때문이 아닐까? 경제 규모 면에서는 중국이 러시아를 앞서고 있지만 종합적인 국력에서는 양국이 비등하며, 군사력과 우주항공산업에서는 러시아가 우위에 있다. 최근 중국이 화성 표면에 탐사 장비를 착륙시켰다는데 러시아에서는 이미 소련 시절에 달성한 일이다. 후발주자로서 한국이 우주항공산업을 발전시키려면 러시아가 여러 면에서 적합한 파트너이다.

러시아와의 관계는 좀 더 긴 호흡으로 바라보고 향후 동북아시아의 세력 판도에 대해 고민을 하면서 글자 그대로 전략적 접근을 해야 하는데 현 정부도 그런 면에서는 기대에 미치지 못하고 있다.

국제관계를 입체적으로 다각적으로 보는 안목이 부족하다

우리 사회 일각에서는 박근혜 정부 후반기부터 '미국이냐 중국이냐'라는 프레임에 스스로 갇혀서 어설픈 지정학 타령을 하며 미국이나 중국 어느 한쪽을 선택할 수 없다고 하면서 실제로는 한미동맹으로부터 이탈하려는 행보를 보여 왔고 현 정부에 들어서 그러한 경향이 심화되었다. 마치 한중관계를 별개의 단선적인 것으로 인식하여 스스로 움츠러드는 모습이다.

그런데 미국과 중국 사이의 패권경쟁은 단지 미중관계로만 결판이 나는 것이 아니다. 미국이 주도하는 '쿼드'가 큰 의미가 있을 뿐만 아니라 러중, EU와 중국, 인도와 중국, 일중관계 등이 상당한 영향을 미칠 것이다. 따라서 이런 관계가 어떻게 전개될 것인지 예의주시해야 판세를 읽을 수 있다. 이러한 관계들은 한국에도 아니 한국과 중국 관계에도 영향을 미칠 수밖에 없다. 그런데도 우리는 국제관계를 단선적으로만 이해하는 경향이 있다.

중국의 시대(Pax Sinica)가 실제로 도래할지는 아직은 예단하기 어렵다. 단순히 중국의 GDP가 지속해서 증가하여 언젠가 미국을 추월한다고 되는 일도 아니다. 중국은 엄청난 수의 농민공, 지역 격차, 부패, 소수민족의 분리주의 등 내부적으로 복잡하고 풀기 힘든 문제를 안고 있다. 중국은 14개국과 국경을 맞대고 있으나 믿을만한 우방은 북한, 파키스탄 정도이며 가장 중요한 이웃 국가인 러시아와는 사실 동상이몽 관계이다. 나머지 국가들과는 이런저런 이유로 관계가 원만하지 못하다. 국제사회 전체를 놓고 벌이는 경쟁과 대결에서 중국이 미국을 추월하지 못한다면 중국의 경제성장은 경제성장일 뿐이다.

작금의 정세를 보면 미국을 비롯한 서방세력이 중국의 도전에 대처하기 위해 집결하는 양상을 보이고 있다. 중국이 최근 7년간 공들인 EU-중국 투자협정이 무산되게 되었다. 중국의 거칠기 짝이 없는 전랑(戰狼) 외교가 일부 힘이 약한 나라들에는 통하였는지 모르지만, EU 같은 큰 덩치에는 먹혀들지 않았다. EU가 신장 위구르 문제로 중국에 대해 제재를 결정하자 중국은 EU의 결정에 대해 유연하게 대처하기보다는 일부 유럽의회 의원들과 의회 조직에 대한 맞불 제재로 보복하였다. EU는 즉각 중국과의 투자협정 비준 절차를 중지하고 투자 협력 파트너를 중국에서 인도로 바꾸어 인도와의 협상 개시를 선언하였다. 인도는 현재 중국과 히말라야 지역에서 군사적인 대치 상태에 있다. 이미 군사적으로는 일본과 호주는 물론이고 영국, 프랑스, 독일이 미국의 남중국해 군사작전에 합류하고 있다. 이러한 견제는 중국의 굴기를 발목 잡을 수 있다. 미중 사이 패권경쟁은 단순히 경제적 측면의 경쟁에서 결판나는 것이 아니라 결국 군사적 대결로 비화될 수 있기 때문이다.

이런 맥락에서 특히 러중관계는 주목해야 할 것이다. 현재 미국의 예민한 반응에도 불구하고 중국이 남중국해와 대만해협에서 지속해서 군사행동을 전개할 수 있는 것은 현재 서북방면 즉 러시아로부터의 위협이 없기 때문이다. 중국은 미국의 압박에 대처하는 데 있어 러시아의 지원을 확보하기 위해 정치·경제·군사 등 여러 분야에서 대러시아 제휴를 강화해왔다. 러시아도 미국으로부터 지속적인 압박을 받고 있는 만큼 공동대응 차원에서 중국과 밀착하는 경향을 보이고 있다. 하지만 러시아에는 오래전부터 '중국위협론'이라는 담론이 있었다. 19세기 이후만 보더라도 러중관계는 갈등이 더 많았다. 공산주의라는 이념을 공유했던 냉전 시절에도 양국 관계가 좋았던 기간은 그리 길지 않았다. 중국과의 관계는 소련의 몰락 이후 비로소 회복되었으며 러시아에서는 현재 러중관계를 '제휴'(entente)라고 부르고 있다. 그러한 관계가 '동맹'(alliance)으로 발전할지는 예단하기 어렵다. 미중 사이 무력충돌이 일어나는 경우 러시아는 중국을 돕기보다는 방관할 가능성이 더 크며 또는 그 과정에서 자신의 이익을 추구하려고 할 수도 있다. 중국은 러시아에도 잠재적인 위협이기 때문이다.

그런데 최근 서아시아 지역에서 매우 흥미로운 현상이 벌어지고 있다. 미국의 아프간 철군과 그에 대한 중국의 반응이다. 이제까지 중국은 미군의 해외 주둔에 대해 패권 유지를 위한 제국주의라고 비난해왔는데 지난 4월 14일 바이든 대통령이 5월1일부터 9월11일까지 아프가니스탄 주둔 미군을 전면 철수하겠다고 발표한 데 대해 중국은 '환영'의 반응을 보이지 않고 있다. 아프가니스탄은 중국 신장 지역과 인접하고 있으며 알카에다, 탈레반, IS 등 과격 이슬람 테러단체들의 온상이며 신장 위구르족의 독립을 추구하는 동투르키스탄 이슬람 운동(ETIM)도 이곳에 은거하고 있다. 미군이 아프가니스탄에서 철수하게 되면 이 단체들의 움직임이 활발해질 것이며, 신장 위구르족 말살 정책을 이유로 이미 중국에 대해 성전(聖戰 Jihad)를 선포한 이들이 신장 지역의 상황을 매우 불안정하게 할 것이다. 미국은 이번 철군 발표와 동시에 교묘하게도 ETIM을 제재 대상 테러단체 목록에서 제외하였다. 중국의 아킬레스건을 겨냥한 미국의 고도의 방책일 수 있다.

따라서 우리는 중국과 국제사회 주요국, 그리고 인접국들과의 관계를 예의주시하며 대중국 정책을 다듬어 나가야 할 것이다. 국익을 생각할 때 이기는 쪽에 줄을 서야 하는 법이다. 우리는 100여 년 전 국제정세에 어두워 현명하지 못한 선택을 하여 나라를 빼앗겼는데 그러한 실수를 반복해서는 안 된다. 그렇게 하면 우리는 중국에 대한 저자세에서 벗어나 중국을 '다루는' 위치에 올라설 수 있을 것이다. 왜 현 정부는 중국을 '혼자서' 상대하려고 하는가? 동맹을 추구하는 것은 강대국이나 약소국이나 마찬가지이며 약자의 경우 더욱 절실하다. 그러한 맥락에서 보면 중국의 눈치를 보고 북한과의 원만한 관계만을 생각하며 한미동맹을 경시하는 행동이 얼마나 국익에 반하는 것인지 새삼 깨닫게 된다. 현 여권은 국익을 생각하지 않는 민족주의는 있을 수 없음을 명심하여야 할 것이다.

* 2021.5.29. 《미디어시시비비》

II. 미국을 서운하게 하지 말자

바이든의 인맥을 찾아라?

미국 대통령 선거가 채 두 달도 남지 않았다. 공화당 후보 트럼프 대통령과 민주당 후보 바이든이 치열한 경쟁을 벌이는 가운데 지난 8월 하순 여론조사에서 바이든이 트럼프를 5~7%p 앞서고 있는 것으로 나타나자 국내 언론에서는 한국 내 '바이든 인맥'을 거론하는 보도가 잇따랐다. 그런데 '인맥' 개념에 깔린 사고가 상식적인 것인지, 그리고 바람직한 것인지 질문을 던지고 싶다.

우선 한국 입장에서 초강대국이자 동맹국인 미국의 차기 대통령이 누가 되느냐는 당연히 중대한 관심사이다. 특히 두 후보가 방위비 분담금 및 주한 미군 주둔 등 한미동맹 현안 그리고 대북정책에서 상당한 차이를 보이고 있어 더욱 그러할 것이다. 이런 상황에서 차기 미 행정부와의 원활한 소통을 위한 통로로서 인맥을 이야기할 수는 있겠다.

국어사전에 따르면 인맥이란 '학문, 출신, 경향, 친소(親疎) 등의 관계로 한 갈래로 얽힌 인간관계'를 말한다. 언론에서 '바이든 인맥'으로 지목한 인사들을 보면 바이든을 공적인 자리에서 한두 번 만난 적이 있거나 또는 바이든과 직접 연결되기보다는 과거 민주당 정부 인사들과 업무상 접촉이 있었다는 정도이다. 이 정도를 갖고 '바이든 인맥'이라고 할 수 있을까? 만일 한국계 미국인으로서 어떤 배경에서든 바이든과 상당한 친분이 있고 언제든지 직접 소통할 수 있는 사람이 있다면 한국의 입장에서 그를 바이든 '인맥'이라고 할 수 있을 것이다. 또한 이스라엘처럼 미국 내 강력한 유대인 이익단체를 갖고 있고 그 단체가 미국 사회에 광범위한 네트워크를 갖고 있는 경우 차기 대통령 후보 '인맥'을 이야기할 수 있을 것이다.

그런데 미국 대통령 또는 한국 대통령이 바뀔 때마다 '인맥' '지도자 간 친분 쌓기' 등을 강조하는 것은 매우 실망스런 언행이라는 생각이 든다. 인맥 내지 인간관계 무용론을 주장하려는 것이 아니라 인맥이라는 것이 동아시아 문화권에서와 같은 정도로 서구 문화권에서도 작용할 수 있느냐에 대해 의문을 제기하는 것이다. 한국이나 중국에서는 인간관계가 큰 요소로 작용하는 것이 사실이나 미국에서도 그럴까? 공직에 있는 미국인이 개인적인 친분이 있는 어떤 한국인이 부탁한다고 해서 한국이 원하는 방향으로 결정을 내릴 것으로 기대할 수 있을까? 그런 일이 벌어진다면 그 미국 관리는 미국 정부의 조사 대상이 될 것이다. 아마도 대세에 영향을 주지 않는 범위 안에서 조그만 문제에 있어 한국 지인의 부탁을 들어줄지는 모르겠다. 더욱이 미국 대통령이 한국 대통령과의 친분 또는 한국 인맥의 영향을 받아 정책적으로 호의를 베푼다는 것은 상상할 수 없는 일이다. 왜냐하면 어느 나라이든 국익은 오랜 세월에 걸쳐 정립된 것으로서 다른 나라에 대한 외교 정책 결정에 있어 상수(常數)로 작용하기 때문이다. 우리 사회가 인간관계 또는 친소 관계에 의해 좌지우지되는 경향이 있다고 해서 남도 그럴 것이라고 생각한다면 참으로 순진하고 유치한 발상이다.

한편 언론 보도에 따르면 지난 8월부터 외교부가 11월 미국 대선과 관련해 태스크포스를 가동하고 있다고 하는데, 태스크포스란 기본적으로 어떤 예상치 못한 상황이 벌어졌을 때 이에 대처하기 위한 한시적 조직이다. 예를 들어 아덴만 해역에서 우리 선박이 소말리아 해적의 공격을 받아 한국인 선원들이 납치됐을 때 설치해 가동하는 그런 것이다. 미국 대선 자체 또는 바이든이 민주당 후보로 나선 것이 그런 경우에 해당될까? 미국 대선 후보들의 성향과 공약이 대한국 정책에 미칠 수 있는 영향을 분석하고 대비하는 것은 외교부가 평소 수행해야 할 업무라고 본다. 4년 전 뜻밖의 트럼프 당선에 놀랐던 한국 외교부가 이번에는 어떤 결과에 대해서도 충분히 대비하겠다는 뜻이겠는데 굳이 '태스크포스' 용어를 사용해서 선거가 석 달 앞으로 다가와서야 본격 준비하는 것 같은 인상을 주는 것이 안타깝다.

국익이 심각하게 부딪히는 국제 관계에 있어서 어설프게 인맥을 찾고자 하거나 그에 매달리기보다는 평소에 지속적으로 미국의 정책결정 계층과 여론 주도층을 상대로 한국의 입장을 잘 알려 납득시키고 지지케 하는 것이 정답이다. 한국에는 자칭 미국통 또는 미국 전문가라고 하는 사람들이 넘쳐 나는데 그들이 그러한 노력의 첨병이 돼야할 것이다.

* 2020.9.13.《천지일보》

미국과 거리 두기, 이대로 괜찮은가?

코로나 사태 발생으로 미중 갈등이 더욱 고조되면서 한국이 양국 사이에서 어떤 선택을 해야 할 것인가 라는 질문이 자주 제기되고 있다. 그리고 미국과 중국 모두 한국에 대해 자국에 경도된 입장을 취할 것을 요구하고 있는 것 같다. 먼저 중국은 지난 8월 양제츠 공산당 중앙정치국 위원이 방한했고, 미국의 폼페이오 장관은 지난 주 일본 개최 쿼드(미국, 일본, 인도, 호주) 외무장관회의에 참석해 인도-태평양 지역 전체가 중국의 위협에 맞서야 한다고 촉구했다. 이런 가운데 최근 우리 정부 고위 인사들의 '미국과 거리 두기'를 노골적으로 드러내는 발언이 이어지고 있으며, 주한 미국 대사와 주한 중국 대사를 대하는 태도도 대비되고 있다.

지난 6월 이수혁 주미 대사는 특파원 간담회에서 "우리가 선택을 강요받는 국가가 아니라 이제는 우리가 선택할 수 있는 국가라는 자부심을 갖는다"고 하고 이어 "한국이 안보는 미국에, 경제는 중국에 기대고 있는 상황에서 두 요소는 같이 가야 한다"고 했다. 지난 9월 25일 강경화 장관은 아시아소사이어티가 개최한 회의에서 한국이 쿼드 플러스(Quad+)에 참여할 의향이 있느냐는 질문에 "다른 국가들의 이익을 배제하는 그 어떤 것도 좋은 아이디어가 아니다"라고 전제하고 "우리는 쿼드 가입을 초청받지 않았다" "우리는 안보는 한미동맹이 우리의 닻(anchor)이라는 점을 매우 분명히 하고 있으며, 중국은 우리의 가장 큰 교역·경제 파트너라 우리 기업인과 시민들에게 매우 중요하다"고 했다.

안미경중(安美經中)이라고 불리는 현 정부의 입장은 경제에 있어 중국이 상수(常數)라고 보고 있는데 과연 그럴까? 안보는 대체재를 찾기가 어려우나 경제도 그럴까? 경제적으로 중국 시장에 의존하고 있는 현실은 우리의 숙명이 아니라 지난 수십 년간 우리 정부와 기업이 자초한 것이다. 수입선 다변화와 마찬가지로 수출시장 다변화도 필수적인 것인데 이를 망각한 결과이다. 이는 대체시장을 개척하면서 극복될 수 있는 것이다. 안미경중이 최소한의 설득력을 가지려면 안보에 있어 중국이 중립적이어야 하는데 결코 그렇지 않다. 중국은 1950년 10월 압록강 너머로 수십만 대군을 보내 우리의 통일을 좌절시켰으며, 1961년에 북한과 동맹조약을 체결했는데 이 조약은 현재도 유지되고 있다. 9월 27일 미국의 군비통제 특사가 방한해 중국이 한국을 겨냥해 산동반도, 요동반도 및 만주 길림성에 배치한 미사일 현황을 설명했다고 한다. 중국으로서는 한반도가 자유민주주의국가로 통일되는 것을 반기지 않으며 따라서 남북한에 대해 이한제한(以韓制韓)정책을 쓰면서 중국의 이익을 도모하고 있다.

또 하나 항상 염두에 두어야 할 점은 중국은 소위 '동북공정'으로 우리의 역사마저 찬탈하려 한다는 점이다.

현 정부의 정책은 미국과 중국 사이에서 중립을 표방하면서 안보 및 경제적 이익을 모두 누리겠다는 것으로 보인다. 현재 미국이 중국 공산당 정권의 교체를 위해 모든 수단을 동원하겠다고 선언한 상황에서 양다리를 걸치는 것이 계속 가능할지 모르겠다. 작동 가능한 중립은 과거 영국이 독일과 프랑스 사이에서 취했던 것과 같이 국력이 비슷한 경우에 생각해 볼 수 있는 것이다. 미국과 중국 사이 갈등이 무력충돌로 비화되는 경우 러시아도 그렇게 할 수 있다. 힘이 상대가 안 되는 경우, 중립은 자칫 외교적 고립으로 전락하고 언제든지 양쪽 모두로부터 압박을 받을 수 있다. 박근혜 정부 때 외교장관은 미국과 중국 양쪽으로부터 러브콜을 받고 있다고 했고, 현 정부의 외교 장관은 미국과 중국 양국과 좋은 관계를 유지하려는 것이 현실적이냐는 질문에 "특정 국가를 선택해야 한다는 생각은 도움이 안 된다"고 답변했는데 국가 간 관계의 기본을 잘 모르는 것 아닌가 우려된다.

끝으로 한국이 미국과 거리 두기를 한다고 중국의 한국을 대하는 태도가 변할까? 사드 배치 결정과 관련해 현 정부 초기에 중국에 대해 소위 3불(3不) 원칙을 선언했지만 그 뒤 중국은 치사한 제재조치를 풀었던가? 현재 중국이 적어도 겉으로는 한국에 대해 지지를 요청하는 듯한 모양새를 취하고 있는데 한미관계가 현저히 느슨해지는 경우 한국을 대하는 태도가 돌변하지 않을까? 만인의 만인에 대한 투쟁 상태인 국제사회에서 생존과 번영을 위해 국가는 줄을 서는 것이 일반적이며, 무엇보다도 줄을 잘 서야 함을 역사는 보여 주고 있다.

* 2020.10.11. 《천지일보》

외교특보의 이상한 논리에 대하여

그간 문정인 특보가 한미관계와 남북한 문제에 대해 돌출발언을 한 것이 한두 번이 아니다. 10월 하순 동아시아 재단과 애틀랜틱카운슬이 공동 주최한 화상 세미나 및 모 일간지 기고에서 그는 우리의 국익을 위해 군사적·경제적 측면에서 중국을 고려해야 한다는 취지의 주장을 했다. 이제까지 대통령 특보로서 그의 주장이 정부의 대외정책 방향을 제시해 왔다고 할 수 있는바 이번 주장도 주목하지 않을 수 없다. 그의 논지는 그의 주장대로 국익을 최우선시하고 있다기보다는 편향돼 있고, 논리적으로는 자가당착에 빠져 있다.

우선 그는 '미국 주도 반중 동맹에 참여하고 한국에 사드를 추가 배치하거나 중국을 겨냥한 중거리탄도탄 등을 배치하거나 남중국해 군사훈련 등에 합류할 경우 중국은 한국을 적으로 간주할 것'이라고 전제하고 '이 경우 중국은 한국에 둥펑 미사일을 겨냥하고 한국방공식별구역은 물론 서해에서 군사적 도발을 할 것'이며 그럴 경우 '우리가 어떻게 대응할 수 있겠느냐. 미국이 우리를 보호하려고 하고, 보호할 수 있겠느냐'고 반문했다. 그런데 한미동맹의 핵심인 상호방위조약

제2조는 '어느 한 나라가 외부로부터 무력공격에 의해 위협받는 경우 이를 저지하기 위해 적절한 조치를 할 것'이라고 규정하고 있다. 이는 한국이 그가 말하는 '반중 동맹(Quad)'에 참여했다고 중국이 우리를 위협하는 경우 미국이 나선다는 것을 의미한다. 설마 한미상호방위조약의 존재를 모르진 않을 것이고, 그렇다면 미국이 동맹국으로서의 책무를 다할 것인지 의심한다는 것인데 왜 그런 의심을 깔고 상황분석을 하는지 이해가 되지 않는다. 무엇보다도 중국은 이미 산동반도 및 요동반도 등에 한국을 겨냥하는 미사일을 실전배치해 놓았으며, 중국 공군기가 한국의 방공식별구역을 수시로 침범하고 있는데 이러한 현실을 모르고 있는 것인지 알고도 고려하지 않는 것인지 묻지 않을 수 없다.

또한 그는 '중국은 러시아 및 북한과의 북방 3자 동맹을 강화할 것이며 1958년 이후 북한에 군대와 무기 및 물류 지원을 하지 않았지만 석유를 포함해 이를 재개할 것'이라고 우려했다. 우선 그는 '북방 3자 동맹'을 과장하고 있다. 1961년 체결된 북중 군사동맹조약은 여전히 유효하지만 북러 군사동맹조약은 한국의 요청으로 1996년 폐기됐다. 그리고 중국이 북한에 대해 군사 경제적 지원을 하지 않는 것은 중국도 동의한 유엔 안보리의 대북 제재 때문이지 한국을 적으로 간주하지 않기 때문이 아니다. 한편 러시아와 중국은 푸틴 대통령이 지난해 국민과의 대화에서 밝혔듯이 현재 결코 동맹관계가 아니며, 양국 관계의 역사를 심도 있게 이해한다면 그렇게 될 가능성은 희박하다는 결론에 이른다.

그리고 그는 '중국 경제와의 디커플링이나 중국의 보복이 한국에 가하게 될 충격'을 거론한다. 그가 예시하였듯이 2019년 기준 중국 시장이 우리 수출의 25%를 차지한다. 중국의 보복이 두렵다고 하는데 그러면 과연 나머지 75%는 상수(常數)일까? 미국은 물론 미국의 대중 정책을 지지하는 일본 및 서방 국가들은 한국이 어떤 입장을 취하든지 변함없이 시장을 우리에게 개방할까? 미국이 '경제번영네트워크'를 추진하고 있는데 이는 중국을 배제해 전 세계 공급망 내지 가치사슬체계를 새로이 구축하겠다는 구상이다. 이 구상이 현실화되는 경우 한국은 양다리를 걸칠 수 있을까? 더구나 한국의 대중국 수출에서 소비재의 비중은 매우 작고 대부분은 자본재와 중간재이며 그 중 상당부분은 한국 기업의 중국을 통한 우회수출용이다. 즉 한국 기업에 있어 중국은 생산기지일 뿐이고 중국은 강력한 비관세장벽을 통해 한국 기업의 중국 내수시장 진출을 막아왔음에도 한국 사람들의 대다수가 중국이 한국 물건을 사준다는 착각에 빠져 있는 것이다. 그리고 우리 기업들은 이미 중국내 제조공장을 동남아 또는 인도로 이전하는 등 대처하고 있다.

그는 미중 대립 상황에서 우리의 선택과 관련해 국익을 강조하고 있는데 국익 계산을 하려면 제대로 해야 하지 않을까? 1958년에 중공군은 북한에서 철수했는데 미군은 아직도 남한에 주둔하고 있다. 하지만 북중 동맹조약이 엄연히 유효하고 북한이 적화통일을 포기한 적이 없으며 핵무기마저 보유하고 있는 현실에서 한국이 중국을 의식하는 것이 설득력이 있는 접근인가? 그는 미군이 철수하면 중국이 미국 대신 한국에 북한의 위협에 대한 핵우산을 제공하는 방안까지 거론한 적이 있다. 어떻게 보아도 한국이 미중 갈등에서 중국 쪽으로 기울어서는 안 될 것 같은데 그러한 방향으로 나아가려는 이유가 무엇인지 궁금하지 않을 수 없다.

* 2020.11.8. 《천지일보》

참을 수 없는 대한민국의 가벼움

강경화 외교부 장관이 8일 오전 미국으로 떠났다. 그는 '한미관계는 지금 민감한 시기이긴 하지만 늘 소통하는 것이고, 한반도 정세나 한미현안에 있어 기회가 있으면 시기와 상관없이 한미 장관 차원에서 이야기하는 것'이라고 했다. 또한 바이든 후보 측 접촉계획에 대해 '일정 자체에 대해서는 구체적으로 말씀드릴 수는 없는 상태'라고 하여 바이든 후보 측 인사를 만날 것임을 시사하였다. 그런데 세간의 관심은 한미 외교장관 회담보다는 강 장관과 바이든 후보 측의 만남에 집중되고 있다.

외교부 보도 자료에 따르면 이번 외교장관회담은 코로나19 대유행 이후 강 장관과 폼페이오 장관이 갖는 첫 번째 대면 회담으로 지난 10월 초로 추진되었던 폼페이오 장관의 방한이 불가피한 사정으로 취소됨에 따라 폼페이오 장관이 강 장관을 초청함으로써 이루어진 것이며, 양 측은 이번 회담에서 한반도 비핵화 및 평화 정착, 한미동맹 강화를 위한 공조 방안 등에 대해 심도 있게 협의할 계획이라 한다. 이번 회담의 의제로 열거한 것을 보면 야당 대변인의 지적처럼 명

확하지 않고 구체적이지도 않다. 실제로 시급하고 구체적인 현안이 있었다면 외교부 보도 자료에 나와 있듯이 10월에 있었던 세 번의 전화통화에서 이미 협의가 이루어졌을 것이다. 강 장관도 인정하였듯이 '민감한 시기'에, 그리고 시급하고 구체적인 현안도 없어 보이는데 방문하는 것은 바이든 후보 측과의 접촉을 염두에 둔 것으로 보인다.

그리고 미국 대선 결과와 관련한 정치권의 움직임을 보면 민주당은 오는 16일 한반도 태스크포스 차원에서 미국을 방문해 바이든 후보 측 인사를 만날 계획이며, 국민의힘도 오는 12일 야당 주축으로 만들어진 '글로벌외교안보포럼'에서 한미관계를 전망하고 한반도 정세를 진단한 다음 바이든 후보 측과의 본격적인 채널 마련에 나선다고 한다. 또한, 국회 외교통일위원회 차원에서도 여야 대표단을 꾸려 12월 중 방미를 타진 중이라 한다. 누구 말대로 초당적 협력을 시동하고 있다면 여야가 따로 할 것이 아니라 국회 외통위 차원에서 단일 방문단을 구성하면 될 것 아닌가? 박병석 국회의장이 여야 원내대표에게 내년 초 여야 합동 방미단을 꾸리자고 하였다는데 합리적인 제안이라고 본다.

다음으로는 방미 시기가 적절한가의 문제가 있다. 미국의 대통령 선출은 선거인단 투표가 이루어지고 결과를 의회가 확인하여 발표하는 것으로 마무리된다. 미국의 대선 역사를 보면 어느 후보가 당선에 필요한 선거인 수를 확보하면 승리를 선언하고 바로 패자의 승복 선언이 이어졌으며, 그 시점 이후 외국 정부 인사들이 승리한 후보 측을 접촉해도 아무도 문제를 제기하지 않았다. 그런데 금번 대선은 초유의 불복사태가 발생하였으며, 트럼프 후보 측은 모든 방법을 강구하여 연방대법원까지 가보겠다는 입장이다. 따라서 객관적으로 보면 사태가 어떻게 전개될지 불투명하다고 할 수 있다.

이러한 상황에서 한국 정부의 외교부 장관과 국회의원들이 바이든 후보 측을 만나겠다고 몰려오는 것을 보고 공화당 인사들은 어떤 생각을 할까? 우리 정부와 정치권의 이러한 움직임을 보면서 1992년 한국이 중화인민공화국과 수교하는 과정에서 중화민국(대만)에 대해 취한 행동이 떠오른다. 당시 한국 정부는 수교 교섭과 관련하여 중화민국 측에 사전에 양해를 구하기는커녕 끝까지 알려주지 않았으며, 수교가 결정되자 바로 명동에 있는 중화민국 대사관을 비우라고 통보한 것으로 알려져 있다. 인간관계와 의리를 중시하는 동아시아 가치관에서 볼 때 중화인민공화국 사람들도 속으로는 한국 정부의 행동을 비웃었을지 모른다.

문재인 정부가 우리의 대북정책과 소위 평화 프로세스에 대해 미국 신행정부의 지지를 받고자 한다면 이런 식의 접근이 아니라 선거유세 과정에서 알려진 바이든 후보의 대한반도 정책을 면밀히 검토하고 미국의 국익과 연결시켜 어떻게 설득력 있게 우리 입장을 제시할 것인가를 충분한 내부 토론과 연구를 거쳐 정립하는 것이 순서가 아닐까? 일부 언론에서는 정권 교체 시 전 행정부 정책이 재검토되는 3~4개월 동안 한국의 주요 관심사와 입장을 알려야 한다면서 우리 측의 부산스런 모습을 발 빠른 대응이라고 긍정적으로 보는 것 같다. 하지만 중요한 것은 얼마나 빨리 우리의 입장을 알리느냐가 아니라 어떻게 하면 미국 신행정부가 우리의 입장을 이해하고 지지토록 할 수 있나이다. 언론 보도에 따르면 바이든 후보는 부통령 시절 한국에 대해 우호적인 태도를 보였고 상원 외교위원장 시절 김대중 대통령의 햇볕정책에 공감을 표하였다고 하는데 그렇다면 김대중 정부와 맥을 같이하는 문재인 정부로서는 더욱 서두를 필요가 없는 것 아닌가?

또 하나 지적한다면 현 상황에서 바이든 후보 측이 외국 각료나 의원들을 만나 충분한 시간을 갖고 대화를 나눌 심적 여유가 있을까이다. 바이든 후보 측은 트럼프 대통령의 불복으로 인한 만일의 사태의 가능성을 생각하며 신경이 곤두서 있을 것이다. 더하여 대선으로 분열된 미국을 다시 하나로 만드는 것을 최우선으로 하겠다고 하면서 트럼프 대통령 측을 자극할 수 있는 외국 정부 각료 또는 의원과의 만남을 반길 것인가? 한국 측의 간곡한 요청에 따라 면담을 수락하여도 속으로는 마음이 편치 않을 것이다. 언론 보도대로 한국 고위 인사들의 방미가 이어질 경우 한국은 공화당 친구들을 잃고 민주당 쪽에서는 눈치 없는 사람들이라는 소리가 나올 것이 우려된다.

* 2020.11.9.《미디어시시비비》

바이든 시대의 러미관계 전망

조 바이든 민주당 후보가 14일(현지시각) 선거인단 투표에서 예상 대로 승리함으로써 당선을 공식화했다. 지난 11월 초 선거 이후 침묵을 지키던 푸틴 대통령도 15일 바이든 당선자에게 축전을 보내 '성공을 기원하면서 러시아와 미국은 의견 차이에도 불구하고 많은 문제와 도전의 해결을 촉진할 것이며 협력할 준비가 돼 있다'고 했다. 2017년 트럼프가 대통령이 됐을 때 러시아에서는 러미관계가 개선될 것이라는 기대가 있었으나 그간 이렇다 할 진전이 없었다. 바이든 행정부에서는 러미관계에 어떤 변화가 있을 것인지 가늠해 본다.

냉전 종식 이후 러미관계를 개괄적으로 살펴보면 기본적으로 미국은 소련과는 달리 러시아를 글로벌 파워가 아니라 지역강국으로 치부해 왔다. 러시아가 경제사회적으로 혼란을 겪었던 1990년대 체제 전환기에 러시아의 국제적인 위상이 상당히 추락한 것은 사실이다. 그러다가 푸틴 대통령이 등장한 이래 러시아는 혼란을 극복하고 경제적으로도 상당한 성장을 이룩해 그간의 미국을 비롯한 서방국가들의 부당한 대우에 대해 시정을 강하게 요구했다. 러시아는 소련의 사회주의를 포기하고 민주주의와 시장경제를 지향하고 있지만 미국은 과거 소련과 마찬가지로 러시아가 서방세계에 대해 위협이 되고 있다고 인식하고 있다.

하지만 객관적으로 보면 위협을 느끼는 것은 서방이 아니라 러시아이다. 왜냐하면 냉전시절 소련의 위성국이었던 동유럽 국가들이 거의 모두 서방의 군사동맹에 가담함으로써 이제 서방과 러시아 사이 완충지대는 우크라이나와 벨라루스뿐이며, 경제규모나 국방예산에 있어 러시아는 서방에 대해 열세이기 때문이다. 2000년대 부시 대통령 시절 러시아는 미국의 테러와의 전쟁에 대해 협조적이었다. 소련 해체 이후에도 러시아의 영향권인 중앙아시아 지역에의 미군의 출입을 묵인하기도 했다. 오바마 행정부 당시 양국 관계를 재정립하자는 이야기가 나왔으나 미국의 러시아 경시 경향은 이어졌다. 푸틴 대통령이 내부 결속을 다지고 대외적으로는 서방에 대해 의연한 자세를 취하면서 러시아가 더 이상 1990년대와 같이 만만한 상대가 아니게 되자 서방은 푸틴에 대해 반민주적인 독재자 프레임을 씌워 러시아에 대해 압박을 가했다. 러시아 정부는 서방의 지원을 받는 민간단체들이 민주주의를 고양한다고 하면서 실제로는 반푸틴 운동을 하고 있다고 보고 억압하기도 했다. 이런 상황 속에 러미 간 갈등이 수그러들지 않았다.

2010년대 우크라이나의 복잡한 국내 상황은 러시아와 미국을 비롯한 서방의 관계를 결정적으로 틀어지게 했다. 우크라이나를 사이에 놓고 러시아와 서방 간 줄다리기가 벌어졌는데 급기야는 내전으로 비화됐으며 현재도 내전이 완전히 종식되지 않은 상태이다. 이 과정에서 흑해 연안 크림자치공화국이 우크라이나 중앙정부로부터 독립과 러시아로의 편입을 선언하였다. 미국을 비롯한 서방국가들은 러시아의 크림 병합을 불법이라고 규정해 맹렬히 비난하면서 러시아에 대해 경제제재 조치를 취했다.

2016년 대선에서 힐러리 클린턴 후보가 노골적으로 러시아에 대해 적대적인 태도를 취한 것과는 달리 트럼프 후보는 상대적으로 러시아에 대해 우호적이었기 때문에 러미관계에 변화가 예상됐다. 그런데 러시아가 미국 대선에 개입했다는 의혹이 제기됐고 심지어 트럼프 선거 캠프에 러시아와 모종의 연계가 있었다는 의심까지 받게 됐다. 트럼프 대통령은 국제문제 해결에 있어 러시아의 영향력을 인정해 G7에 러시아를 참여시키려고 몇 차례 시도하기도 했다. 하지만 실질적으로 관계 개선이 이루어진 바는 없었다.

과연 바이든 시대에 러미관계가 개선될 수 있을까? 민주당은 공화당에 비해 대외적으로 민주주의와 인권이라는 가치를 강조할 가능성이 크고 러시아에 대한 혐오 내지 적대감도 상당하다. 더욱이 이번 대선에 중국뿐만이 아니라 러시아도 개입했다는 의혹이 제기되고 있어 관계 개선 가능성은 그리 높아 보이지 않는다. 다만 트럼프 행정부와 마찬가지로 미국의 패권에 도전하는 중국을 손보는 정책 기조에는 변화가 없을 것으로 예상되는데 미국은 소위 중국과의 '신냉전'에서 러시아를 반중 연대에 참여시키는 것을 검토할 수 있다. 왜냐하면 알려진 바와는 달리 러중 결속은 동맹 수준이 결코 아니며 그리고 견고하지도 않기 때문이다. 1970년대 닉슨 행정부가 외교 사고의 혁신을 통해 중국과 화해하여 반소 연대를 결성함으로써 마침내 미국은 냉전에서 승자가 됐다. 지금 미국은 그와는 정반대 전략을 구사할 수 있다. 바이든 행정부가 그러한 길로 나선다면 러미관계가 획기적으로 개선될 것이다.

* 2020.12.20. 《천지일보》

한미 상호방위조약과 북중 동맹조약을
비교해 본다

요즘 우리 사회 일각에서는 무조건 평화를 외치는 목소리가 만만치 않으며 지난 70년간 북한의 대남적화 시도를 억지해 온 한미동맹에 대해 안보 동맹이 아니라 평화 동맹으로 바꾸어야 한다는 사실상 한미동맹을 해체하자는 주장까지 나오고 있다. 북한과 휴전상태인 대한민국 국회의 외교통일위원장을 맡고 있는 민주당 송영길 의원은 지난 14일 북한의 핵무기 개발을 옹호하는 듯한 발언을 하였다. 또한 문정인 특보는 미군 철수를 거론하고 나아가 중국에 핵우산 제공을 요청하는 것은 어떻겠느냐는 질문을 던지기까지 하였다. 현재 문재인 정부는 한반도 평화 프로세스를 진전시킨다는 명분 아래 북한 핵 문제의 해결에 아무런 진전이 없음에도 불구하고 종전선언에 매달리고 있다. 북한은 평화를 말해도 공식적으로나 실질적으로나 대남 적화통일 노선을 포기한 적이 없으며 1953년 휴전 이래 남북한 간 전쟁 발발 우려가 완전히 불식된 적도 없다.

만일 남북한 사이에 전쟁이 다시 일어나는 경우 6.25 전쟁 때와 마찬가지로 한반도의 기구한 지정학적 위치로 국제전이 될 수밖에 없다. 이런 맥락에서 현재 한국과 북한이 맺고 있는 동맹조약을 살펴보면 한국은 1953년 미국과 상호방위조약을, 북한은 1961년 중국 및 소련과 각각 우호협력과 상호원조조약을 체결하였다. 우선 한미조약과 북중 조약의 차이는 '자동 군사개입' 조항이 있는가이다. 북중 조약 제2조에는 '일방이 무력침공을 당해 전쟁상태에 처할 경우 상대방은 모든 힘을 다해 지체 없이 군사 및 기타 원조를 제공한다'고 규정하고 있다. 반면에 한미조약에는 자동개입 조항이 없으며, 제3조에서 '유사시 공통의 위협에 대처하기 위해 각자의 헌법상의 절차에 따라 행동할 것을 선언한다'고 규정하고 있다. 제2조도 외부 침략에 대한 대응방식을 규정하고 있는데 '상호 협의한다'고 되어 있어 즉각적이고 의무적인 대응은 성립하지 않는다. 다만 오랜 기간 주한 미군이 휴전선 인근에 배치되어 소위 '인계철선(引繼鐵線)'의 효과로써 현실적으로는 자동개입이 이루어질 것으로 상정되어 왔다. 다음으로 동맹의 유효기간 역시 대조적이다. 북중 조약 제7조는 쌍방 간 수정 혹은 폐기에 대한 합의가 없을 경우 영원히 지속되도록 규정하고 있다. 반면 한미 조약은 제6조에 따라 조약 기간이 무기한이지만 일방의 통고가 있으면 1년 경과 후 종료된다.

한편 러시아는 북한이 무력침공을 받아 전쟁상태에 처하는 경우 북한 편에서 자동으로 개입하기로 되어있던 북소 우호협력 및 상호원조조약을 1996년에 폐기했다. 김영삼 대통령은 1994년 6월 러시아 방문시 옐친 대통령에게 이 조약의 폐기를 요청하였는데 옐친 대통령은 한국과의 관계 강화를 위해 우리 요청을 수용하였다. 러시아의 이러한 남한 쪽으로 기운 대한반도 정책에도 불구하고 한국은 1997년 북한 핵문제 해결을 위한 당사국 회담(남북미중)에 러시아를 배제하는 등 러시아 경시를 이어갔다. 이에 실망한 러시아는 남북한 등거리 정책 기조로 전환, 2000년 2월 북한과 새로이 러북 우호선린 협력 조약을 체결하였는데 종전과 달리 군사개입 조항은 포함되지 않았다.

앞서 본 바와 같이 동맹조약의 조문으로 볼 때 중국과 북한의 군사동맹은 한미동맹보다 강고하다. 그래서 한미동맹을 흔들며 안보 문제까지 중국과 협의하자는 의견을 내는 사람들에 대해서는 그 저의가 무엇인지 묻고 싶다. 왕이 외교부장의 방한 결과에 대해 중국 외교부 사이트와 인민망(人民網) 한국어판 11월 27일 자에는 '중한 양측은 10가지에 대해 합의하였으며 중한 외교·안보 2+2 대화를 설치하고 중한 외교부처 고위급 전략 대화를 개최해 외교 안보 분야의 상호 신뢰를 증진하기로 하였다'고 되어 있다. 과연 한국이 소위 안미경중(安美經中)에서 더 나아가 북한과 군사동맹 관계인 중국과 외교안보 2+2 대화를 갖는 것이 적절한가? 한국 외교부의 보도 자료는 한중 외교차관 전략대화만 언급하고 있는데 중국 측이 합의하지 않은 것을 합의했다고 하는 것인지 아니면 한국 외교부가 숨기고 있는 것인지 둘 중의 하나라고 생각된다.

인류 역사는 국가의 안보는 냉철하고 투철한 계산에 입각하여 도모하여야 함을 보여 주고 있다. 북한은 한국의 동맹국인 미국에 대해 일관되게 적대하고 있는데 문재인 정부는 중국에 대해 북한의 군사동맹국이라는 엄연한 사실을 잊고 있는 듯한 정책을 취하고 있다. 국가안보와 국제정치의 기본에 대한 이해가 미흡한 것인지 혹은 중국에 대한 사대주의가 되살아나 우리의 국제정치 셈법마저 마비시키고 있는 것인지 궁금할 뿐이다.   * 2020.12.24. 《미디어시시비비》

'쿼드'와 한미동맹

중국 견제를 목적으로 하는 다자안보협의체 '쿼드'가 3월 12일 화상으로 첫 정상회담을 개최하였다. 미국은 2020년 8월 '쿼드'를 공식 국제기구로 만들 뜻을 밝히고 이어 한국을 비롯해 자유민주주의 가치를 공유하는 아시아 주요 나라들을 참여시키는 '쿼드 플러스' 구상을 제시하였다. 그간 정부 고위관리들의 발언을 보면 한국은 상당히 소극적인 입장인데 중국을 의식한 결과로 보인다. 3월 17일 미국 국무장관과 국방장관이 방한하여 쿼드 참여를 공식 요청할 것으로 예상되는 가운데 한국의 선택에 대한 의견이 분분하다.

쿼드는 2007년 개최된 미국, 일본, 인도 및 호주의 '4자 안보대화'에서 비롯되었다. '법치에 기반을 둔 자유롭고 개방된 인도·태평양'을 목표로 역내 다양한 도전에 함께 대응하는 것이 목적이다. 그간 참가국들은 정보 교환뿐만 아니라 합동군사훈련도 해왔다. 2019년부터는 매년 외무장관회담이 개최되었으며 정상회의는 이번이 처음이다. 이번 정상회의 공동성명에서는 아세안 국가들에 대한 백신 외교, 핵심기술 분야 협력, 동중국해 및 남중국해에서의 유엔 해양법 협약에 근거한 항행 보장을 위한 협력, 유엔 안보리 결의에 따른 북한의 완전한 비핵화 등이 강조되었다. 다만 참여국들이 중국과 경제적으로 밀접하게 얽혀있는 데다 중국이 쿼드에 강한 견제심리를 내비치는 상황을 고려한 듯 중국을 직접적으로 지칭하지는 않는 등 수위조절을 한 분위기도 읽힌다. 하지만 앞으로 미중 갈등이 더욱 첨예화되는 경우 쿼드가 북대서양조약기구(NATO) 같은 안보기구로 발전할 것이라는 견해도 있다.

이러한 움직임에 대해 문재인 정부는 그간 어떠한 반응을 보였나? 지난해 9월 강경화 외교장관은 미국 비영리단체 아시아소사이어티가 개최한 화상회의에서 '한국은 쿼드 플러스에 가입할 의향이 있느냐'는 질문에 "다른 국가들의 이익을 자동으로 배제하는 그 어떤 것도 좋은 아이디어가 아니다"라고 답변하였다. 이는 한국 정부가 사실상 반대 입장을 표명한 것으로 해석될 수 있다. 3월 9일 외교부 대변인은 쿼트 플러스 참여 여부를 묻는 질문에 대해 "아직 구체화되지 않은 구상에 대해 현 단계에서 정부 차원의 입장을 밝히는 것은 시기상조"라고 원론적 답변을 하였다.

그런데 이에 앞서 대통령 직속 정책기획위원회 위원인 모 교수가 3월 8일 미국 정치전문매체 《더힐》에 기고한 글에서 "문재인 정부가 한미동맹에 대한 기여를 드러내어 바이든 정부의 대북정책에 영향을 미치기 위해 쿼드 플러스 참여를 숙고 중"이라고 하였다. 이는 한국은 중국에 대해 위협을 느끼지 않지만 미국이 북한과의 협상을 재개한다면 쿼드 참여 요청에 대해 성의를 보일 수도 있다는 뜻으로 읽힌다.

한미동맹은 6.25 전쟁 이후 북한의 위협에 대처하는 데 미국의 도움을 받기 위해 당시 미온적이었던 미국을 설득하여 이루어낸 것이다. 우리 사회 일부에서는 한미동맹을 통해 우리가 얻는 안보 이익보다 미국이 냉전 시절 공산권의 봉쇄라는 전략 목표와 관련하여 얻은 이익이 더 크다고 주장한다. 어느 한쪽만 이익을 누리는 동맹은 국제 사회에 존재하지 않는다. 북한이 적화통일 노선을 포기하지 않는다면 한국은 한미동맹 이외의 대안이 없는 데 반해 미국은 설사 한국이라는 동맹을 포기하더라도 감내하기 어려운 손실이 발생하지는 않는다. 그런데 이처럼 우리가 더 필요로 하는 한미동맹의 법적 근거인 1953년 한미상호방위조약에 따르면 양국의 동맹관계는 한반도뿐만 아니라 태평양 지역을 대상 지역으로 하고 있다. 그렇다면 미국의 쿼드 참여 요청은 자연스러운 것이며 한국은 이에 응할 의무가 있는 것으로 해석된다.

소위 안보는 미국, 경제는 중국을 주장하는 사람들은 중국에 대해 각을 세울 경우 우리 경제가 큰 충격을 받는다는 점을 강조하고 있다. 하지만 이러한 주장은 안보상 중국의 위협은 전혀 상정하고 있지 않다. 우리 사회는 일본의 군사 대국화에 대해서는 지나칠 정도의 반응을 보여 왔다. 그런데 1950년 10월 한국이 통일을 목전에 둔 시점에 군대를 보내 우리와 전쟁을 했고 결과적으로 통일을 무산시켰으며 현재 팽창주의적 행태를 보이는 중국에 대한 경계심은 찾아볼 수가 없다. 우리 사회의 이러한 모습은 어떻게 이해하고 해석해야 하나? 다른 한편에서는 쿼드 참여가 한미일 군사동맹으로 이어질 가능성을 제기하고 있는데 한국이 일본을 경계하고자 한다면 미국과의 연대를 소홀히 해서는 안 되는 것 아닌가? 일본을 통제할 수 있는 나라는 미국이

기 때문이다.

　지난해 10월 이수혁 주미 대사는 "70년 전에 미국을 선택했기 때문에 앞으로도 70년간 미국을 선택하는 것이 아니다" ""(미국을) 사랑하지도 않는데 70년 전에 동맹을 맺었다고 해서 그것(한미동맹)을 계속해야 한다는 것은 미국에 대한 모욕" 이라고 말하여 많은 사람들을 깜짝 놀라게 하였다. 이에 대해 미국 국무부는 "70년 역사의 한미동맹, 그리고 역내의 평화와 번영을 위해 한미동맹이 이룩한 모든 것이 매우 자랑스럽다" "한국은 이미 70년 전에 선택했다"고 반박하였다. 쿼드 플러스 참여에 대한 한국의 모호한 태도는 한국의 입지를 강화시켜 주기보다는 중국의 한국에 대한 기대수준을 높이고 미국의 한국에 대한 신뢰는 낮추는 결과를 가져다줄 뿐이다. 이번에 방한하는 미국 국무장관은 한미일 삼각협력의 복원은 물론 쿼드 참여도 거론할 것으로 예상되는데 우리 정부가 어떻게 대응할 것인지 주목된다.

* 2021.3.14. 《미디어시시비비》

한미연합훈련 축소 시행… 이래도 되나?

　문재인 정부가 이제까지 북한에 대해 상식 밖의 저자세를 보인 것은 한두 번이 아니었다. 특히 지난 18일에 끝난 한미연합훈련을 전후해서 현 정부 및 여권에서 보여준 행태가 그러하다. 그들은 김정은이 자신들의 충정을 알아주기를 바라기라도 하는 듯한 모습을 보여 줬다. 이를 어떻게 이해하고 해석해야 할까? 김정은이 1월 초 노동당 대회에서 한미연합훈련의 중단을 요구했고 이에 대해 문재인 대통령은 1월 중순 신년기자회견에서 "한미군사훈련 문제와 관련해 필요하면 북한과 협의할 수 있다"고 했다.

　이어서 외교부 장관과 통일부 장관이 향후 남북관계에 미칠 영향을 이유로 "적절한 수준" "유연한 해법" 등 표현을 써가며 훈련 축소 또는 연기론에 불을 지폈다. 2월 하순에는 더불어민주당 및 열린민주당 등 범여권 국회의원 35명이 훈련 연기를 촉구하고 나섰으며, 국책연구기관인 통일연구원도 "한미훈련을 실행한다면 북한이 어떤 방식으로든 반발할 가능성이 있다"면서 "연기 또는 취소가 필요하다"고 주장했다.

정세현 민주평통 수석부의장은 3월 초 '다시 평화의 봄, 새로운 한반도의 길' 토론회에서 한미연합훈련에 대해 "내 생각으로는 올해에는 안 하는 것이 좋겠다. 왜냐하면 김 위원장이 분명히 중단할 것을 이야기했다"고 했다. 혹시라도 다른 사람들이 김정은이 한 말을 모르고 있을까 걱정돼 하는 이야기 같았다.

올해 연합훈련은 3년째 대폭 축소된 형태로 야외 기동훈련 없이 컴퓨터 시뮬레이션 방식으로 진행됐다. 통일부는 훈련이 시작된 날 이 점을 강조하며 "북한도 우리의 이러한 노력에 상응해서 유연한 태도를 보여줄 것을 기대한다"고 했다. 심지어 통일부 장관은 "훈련의 연기도 생각했으나 전작권 환수를 위해 부득이 최소한으로 하였다"고 이유까지 밝히며 북한의 이해를 구했다. 김정은의 '하명'을 '관철'하지는 못했지만 '성의'를 다했다는 이야기인가? 북한은 연합훈련이 끝나기 하루 전인 17일 입장을 내놨는데 김여정은 막말을 쏟아내면서 연합훈련을 거칠게 비난하고 대남 대화기구인 조국평화통일위원회 및 금강산 국제관광국을 비롯한 교류·협력 기구들의 폐지, 그리고 애초부터 북측이 지킨 적이 없는 남북군사합의서의 파기를 거론했다. 이에 대해 우리 측은 아무런 반박도 못하고 있다.

그간 김정은과 김여정의 발언에 대해 현 정부는 마치 그들의 지시를 이행하는 듯 행동하는 일이 이어져 왔다. 탈북민들이 날린 전단의 내용에 대해 분노를 표출하자 즉시 '대북전단금지법'을 제정했으며, 국제사회의 북한 인권 규탄 결의에 지속적으로 미온적 태도를 보여오면서 2016년에 공포된 '북한인권법'을 시행하기 위한 북한인권재단의 출범을 미루고 있다. 개성에 우리 국민의 세금으로 지은 남북연

락사무소 건물을 폭파했을 때 여권에서는 '대포를 쏘지 않아서 다행'이라는 서글픈 반응이 나왔다.

한미연합훈련은 북을 공격하기 위한 것이 아니다. 북의 위협에 대처하기 위한 것이다. 김정은은 지난 1월 "핵 무력을 바탕으로 조국 통일을 앞당기겠다"고 했다. 북한 정권은 여전히 우리의 주적이다. 방어태세를 허물라는 적의 말을 듣고 이를 순순히 행동에 옮기는 나라가 세상에 있을까? 우리 스스로 무방비상태가 돼 북한의 위협에 굴복하자는 것인가? 우리 사회의 평화지상주의자들은 왜 북한에 대해 핵무기와 탄도미사일의 개발 및 실험을 중단하라고 촉구하지 않는가? 역사는 일방적인 유화정책의 결과가 어떤지 분명히 보여 주고 있다.

북한에 대한 이러한 유화정책은 한마디로 북한을 어떻게 보느냐와 연결되는 것 같다. 우리는 북한 정권과 북한 주민을 분리해서 생각해야 한다. 북한 주민들에게는 가능하면 지원을 제공하면서 북한 정권에 대해서는 그들의 변화를 유도하되 엄격한 상호주의를 적용하는 것이 올바른 길이다. 이는 역사에서 교훈을 찾는 사람들에게는 당연한 방책이다. 그런데 우리 사회 일부 사람들은 통일지상주의와 민족주의 입장에서 북한 문제에 접근하고 있다고 본다.

이들에게는 어떤 형태의 통일이든 상관없는가, 그리고 북한 문제를 민족이라는 잣대로만 생각하는 것이 대한민국의 국가이익에 부합하는 것인가 질문하고 싶다. 남북한이 민족공동체를 지향하는 '남북기본합의서'에 서명한 지 올해로 30년이 된다. 우리는 그간 최대한 선의를 갖고 북한을 대해 왔다고 본다. 북한도 그렇게 행동했는가? 북한이 우리의 기대에 부응하지 않고 있는데 우리는 계속 선의만 고집해야 하나? 아무쪼록 우리 사회에 냉철한 성찰이 있기 바란다. 문재인 정부는 소위 한반도 평화 프로세스 재개를 위해 가급적 북한을 자극하지 않으려 하는데 그렇더라도 수십 년째 실시하고 있는 방어 훈련까지 북한의 눈치를 보는 것은 도를 넘었다고 본다.

* 2021.3.21.《천지일보》

미국을 서운하게 하지 마라

그간 현 정부의 외교·안보 분야 고위 인사들은 한미동맹에 대해 논란을 불러일으키는 발언을 자주 했다. 어느 나라든 정부와 여권 인사들이 어떤 이슈에 대해 표명한 견해를 그 윗선 나아가 대통령, 총리 등 정부 수반이 명시적으로 부인하거나 바로잡는 일이 없으면 대내외적으로 그 나라의 뜻이 그런 것으로 이해된다. 이는 상식이다. 그런데 현 정부에서는 대통령의 말과 정부 및 여권 인사의 말이 서로 맞지 않는 경우가 빈발하고 있다. 한마디로 현 정부의 한미동맹에 대한 견해가 무엇인지 혼란스럽다.

문 대통령은 지난 3월 방한한 미국 국무·국방 장관을 접견한 자리에서 "한미 양국은 민주주의와 인권 등 가치와 철학을 공유하는 70년 동반자로서 공동의 도전에 함께 대처해 나갈 것이며, 한반도와 동북아의 평화와 번영의 핵심축으로서 한미동맹이 더욱 강화되고 있다"라고 했고 이전에도 그러한 취지의 발언을 했다. 그런데 대외정책에서 대통령을 보좌하는 사람들은 한미동맹에 대해 어떤 의견을 갖고 있나?

먼저 이수혁 주미대사는 작년 10월에 "한국은 70년 전에 미국을 선택했기 때문에 앞으로도 70년간 미국을 선택하는 것이 아니며, 우리 국익이 돼야 미국을 선택하는 것"이라고 했다. 그리고 외교부 소속으로서 정부의 외교·안보 분야 싱크탱크인 국립외교원의 김준형 원장은 최근 출간한 《영원한 동맹이라는 역설》에서 한미동맹을 '가스라이팅(gaslighting·타인의 심리에 영향을 주어 그 사람을 지배하는 행위)'에 비유하고, '동맹 중독' 등으로 표현했다. 또한, 통일부 장관을 지낸 정세현 민주평통 부의장은 최근 미국 의회 인권위원회가 대북 전단 금지법 청문회를 추진 중인 것에 대해 지난 12일 "일종의 내정간섭이며 청문회 개최일인 4월 15일은 김일성 생일이라면서 그 의도가 불순하다"라고 했다. 한편 현 정부의 외교정책 멘토로 알려진 문정인 세종연구소 이사장은 지난 11일 외신 인터뷰에서 미중 갈등 속에서 한국이 미국 편에 서는 경우 한반도의 평화와 번영을 담보할 수 없게 된다면서 하나의 진영에 속하지 않는 '초월적 외교'가 한국의 나아갈 길이라고 했다. 게다가 그는 작년 12월 국립외교원 외교안보연구소에서 열린 미국 및 중국 학자가 참석한 행사에서 '북한 비핵화가 안 된 상태에서 미군이 철수하면 중국이 '핵우산'을 제공할 수 있느냐?'고 중국 참석자에게 질문하기도 했다. 이러한 발언들에 대해 소위 윗선에서는 이렇다 할 반응이 없었고 외교부가 개인 의견일 뿐이라고 논평한 것이 전부이다. 고위직에 대해서도 개인적인 견해라고 치부할 수 있을까? 백번 양보해 개인적인 견해라고 하자. 그러한 견해들은 문 대통령의 발언과는 양립하기 어렵다.

아마도 현 정부에서는 한국이 소위 전략적 모호성을 유지하면서 미중 사이에 줄타기 외교를 잘하고 있다고 생각하는지 모르겠다. 그런데 일반적으로 서로 대립하는 두 나라 사이에서 중립적 입장을 취하는 것은 그 두 나라와 국력이 엇비슷하거나 그 이상인 경우에나 가능한 것이다. 근대 유럽 역사에서 프랑스와 독일이 대립할 때 영국의 경우가 해당한다. 현재 미중 대립 상황에서의 한국에는 적용되지 않는다. 게다가 현재와 같이 한국이 미국과 거리를 두는 경우 한국의 중국에 대한 입지가 강화되는가? 중국 정부의 우리에 대한 행동은 결과가 정반대임을 보여 주고 있다. 오히려 미국과의 끈이 유지되고 있어서 중국이 한국을 함부로 대할 수 없는 것이다. 소위 '안미경중(安美經中)'이라고 중국과의 긴밀한 경제 관계를 고려하고 중국의 보복이 두려워 그럴 수밖에 없다고 하는 견해가 있으나 미국이라고 뒤끝이 없는 나라라고 장담할 수 있는가? 한국은 현재 반중 연합전선의 구축을 위한, 미국의 경제·군사·외교 분야 제의에 하나도 참여하지 않고 있다. 심지어 유엔인권이사회에서의 북한 인권 결의안 공동제안에도 참여를 거부했다. 최근 미 상원 외교위원회가 공개한 중국 견제를 위한 종합대책을 담은 '2021 전략적 경쟁법'은 미국 편에 서지 않는 나라에 대해 불이익을 주는 것도 거론하고 있다. 현재 우리나라가 누리고 있는 한미동맹의 편익을 당연시하는 것은 위험한 착각이다. 한미동맹의 편익과 중국의 눈치를 봄으로써 기대되는 이익을 냉정하게 비교해 판단해야 할 것이다. 문정인 이사장의 '초월적 외교'는 한국이 감당할 수 없는 것을 주장하는 듣기 좋은 소리일 뿐이다. 일부에서는 17세기 중국 명청 교체기 광해군의 외교를 이야기하며 현 정부의 정책을 설명하는데 당시 명청 간 역학관계와 현재 미중 간 역학관계는 비교 자체가 적절치 않을 정도로 전혀 다르다.

* 2021.4.18.《천지일보》

바이든 행정부의 출범과 곤경에 빠진 한국 외교

　미국의 바이든 대통령은 전 세계적으로 민주주의적 가치 수호를 위해 중국 견제 전선 구축과 대러시아 대응에 있어 동맹국의 참여를 요청하고 있다. 동맹은 공동의 적에 대항하거나 근본 가치를 공유하는 국가들간 결합이다. 문재인 정부는 출범 이래 말로만 한미동맹을 외치고 미국과 중국 사이에서 과도하게 중국 눈치를 보면서 어정쩡한 양다리 걸치기 외교를 펴 왔다. 그리고 북한에 대해서는 유화적인 자세로 일관해 왔고, 일본에 대해서는 대책 없는 강경 노선을 견지해 왔는데 바이든 행정부의 출범 이후 그러한 자세 또는 정책을 계속해 나간다면 한국의 외교는 더욱 난항을 겪을 것이다.

　문재인 대통령은 신년사에서 북한 비핵화 문제는 2018년 6월 트럼프-김정은 싱가포르 회담에서부터 다시 시작해야 한다고 하였는데 이는 바이든 행정부의 정책 방향을 모르거나 전혀 고려하지 않은 발언이다. 바이든 대통령은 물론 그의 외교 진용은 북핵은 물론이고 한반도 문제에 대해 트럼프와는 비교가 안 될 정도의 지식과 이해를 가진 사람들이다. 그리고 트럼프처럼 김정은과 보여주기 정치쇼를 벌일 가능성은 거의 없다. 기본적으로 북한이 진정으로 비핵화 의지를 갖고 있는지에 대해 한미간에는 큰 간극이 있다. 또한 미국은 소위 '대북전단 살포 금지법'에 대해 북한 주민들의 인권과 관련하여 비판적이며, 북한의 비핵화 진전에 관계없이 그리고 유엔의 대북 제재에도 불구하고 남북협력사업을 추진하려는 한국의 움직임에 대해 반대 내지 우려 입장을 보이고 있다. 북한 김정은이 핵 무력을 바탕으로 언젠가는 통일을 하겠다는데 한국 정부가 한미연합훈련에 대해 소극적 자세를 보이는 것도 문제이다. 또한 전시작전권 조기 환수 입장은 우리의 안보현실을 고려할 때 현명한 방책이 아니며, 이 역시 미국과의 마찰요인이 될 것이다. 문재인 정부는 북한의 비핵화에 대한 전략적 접근 없이 한반도 평화 프로세스에 매달리고 있는데 바이든 행정부와의 대북한 정책 조율에 어려움이 예상된다. 다만 '동맹은 거래가 아니다'라는 바이든의 인식 덕분에 주한미군 방위비 분담금 협상은 우리 측이 감당할 수 있는 선에서 타결될 가능성이 높다.

바이든 행정부의 정책은 한마디로 트럼프 대통령의 정책은 모두 뒤집겠다(anything but Trump)는 것이지만 대중 압박 정책은 국익 관점에서 견지하고 있다. 미국은 대중국 압박전선에 한국이 동참하길 기대 또는 희망하고 있으며, 대중국 견제와 북한의 위협 대처를 위한 한미일 공조체제에 걸림돌이 되는 한일 간 갈등에 대해서 부정적인 입장이다.

문재인 정부가 그간 일관되게 보여준 대중국 자세는 '중국은 높은 산이요 한국은 그 주변 작은 봉우리'라는 자세이다. 그러한 자세로 사드 배치, 중국 어선들의 불법 조업 등 양국 마찰에 대처해 왔다. 문재인 정부의 대중국 외교는 단기간 내 해결이 불가능한 북한 핵 문제가 잘 하면 국민들에게 해결의 길에 들어선 것처럼 보이지 않을까 하는 막연한 기대를 갖고 중국의 협조를 구하려는 목적인 것 같다. 남중국해와 대만해협에서는 미국과 중국 사이에 언제든지 무력충돌이 일어날 수도 있을 정도로 긴장이 지속되고 있다. 이러한 상황에서 소위 안미경중(安美經中) 노선은 지속할 수 없을 것이다.

한일관계는 2018년 징용 배상 판결 이후 악화 일로를 걷다가 2021년 위안부 배상 판결마저 나와 앞날을 예상하기 어려운 지경에 이르렀다. 이 과정에서 문재인 정부는 국내정치적 고려만 한 채 국제법과 국제관례에 유의하지 않은 결과 오히려 가해자인 일본의 역공을 받게 되었으며 바이든 정부로부터 한일관계 개선 압박까지 받고 있다. 2019년 일본의 수출 규제에 대한 대응에 있어서 미국의 중재를 기대하였으나 소용이 없었고 한일군사정보보호협정의 종료 카드도 미국의 압력으로 무위로 끝났다. 지난해 이수혁 주미 대사의 발언 등으로 한국 정부의 속내를 파악한 미국은 한일 간 갈등에서 한국 입장을 이해하려는 의욕을 갖기가 어려울 것이다. 이에 반해 일본은 반중 연대(Quad)에 적극 참여하고 있다.

한러관계는 러미관계의 영향을 받기 마련이다. 미국이 2014년 우크라이나 내전 당시 크림반도 합병을 이유로 러시아에 대해 발동한 경제제재 조치가 지속되고 있는데 한러 경제 관계도 영향을 받고 있다. 바이든 행정부 출범 직후 미국은 러시아가 지난해 요청하였던 신전략무기감축협정(New START)의 연장에 합의하는 등 좋은 출발을 보였으나 러시아를 위협으로 간주하는 미국 내 분위기는 현재 크게 달라진 것이 없다. 그러나 미국이 외교사고를 혁신하여 중국을 견제코자 대러 관계를 개선한다면 한러 협력을 강화하는데 미국이 걸림돌이 되지 않을 수 있다. 그간 미루어온 푸틴 대통령의 방한이 금년 중 실현된다면 양국 관계 발전의 좋은 기회가 될 것이다.

문재인 정부는 더 이상 한국을 외교적 고립상태로 몰아넣는 우를 범하지 말아야 할 것이다. 중국에 대한 저자세와 막연한 기대에서 벗어나야 한다. 한미관계가 소원해 질수록 중국은 한국을 더욱 가볍게 보고 거칠게 다루려 할 것이다. 지금과 같이 악화된 한일관계는 우리에게 득보다 실이 많다. 러시아와의 협력은 이제 거창한 수사는 거두고 실질적 성과를 내는데 진력하여야 한다.

* 2021. 5월호《골프 헤럴드》

한미 공동성명 이후 정부가 하는 말이 수상하다

문 대통령은 이번 방미에 대해 "최고의 순방이었고, 최고의 회담이었다"라고 했다. "건국 이래 최대의 성과"라는 여당은 물론이고 야당도 대체로 긍정적 평가이다. 보수언론들도 한미동맹의 복원이라는 측면에서 호의적으로 보도했다. 그런데 정상회담 직후 공동 기자 회견에서 문 대통령은 미국 기자의 "바이든 대통령이 중국의 대만에 대한 태도에 대해 좀 더 강력하게 하셨으면 좋겠다고 압박하지 않았는가"라는 질문에 "다행스럽게도 그러한 압박은 없었다"라고 답했다. 하지만 공동성명에는 미국의 '쿼드 언어'가 여기저기 포함돼 있다. 최근까지 한미 양측이 대북 및 대중 접근에 있어 상당한 차이를 보여 왔던 점을 고려하면 의외의 결과이다.

이번 공동성명에서 여권이 평가하는 대목은 '판문점 선언 등 남북 합의 존중' '남북대화 지지' '북한 비핵화가 아니라 한반도 비핵화 목표 확인' '싱가포르 선언에 기초한 북미 대화 추진' '미사일 지침 종료' '백신 협력' 등이다. 그런데 공동성명에는 이제까지 문재인 정부가 꺼려 왔던 문구도 들어가 있다. '쿼드 등 개방적이고, 투명하며, 포용적인 지역 다자주의의 중요성 인식' '규범에 기반한 국제 질서를 저해, 불안정 또는 위협하는 모든 행위 반대' '포용적이고 자유롭고 개방적인 인도·태평양 지역 유지' '남중국해 및 여타 지역에서 평화와 안정, 합법적이고 방해받지 않는 상업 및 항행·상공비행의 자유를 포함한 국제법 존중' '대만해협에서의 평화와 안정 유지의 중요성 강조' 등이 그러한 문구들이다. '중국'이란 단어는 없으나 사실상 중국을 겨냥하는 내용이며 특히 쿼드는 그대로인데, 쿼드의 성격에 대한 한국의 이해가 달라진 것으로 볼 수 있는 대목이다. 문재인 정부는 지금까지 쿼드의 대중 견제 성격을 배타적인 것으로 규정하고 한국은 함께 할 수 없다는 식이었다. 불과 두 달 전인 지난 3월 한미 외교·국방장관 회의 때 대북 및 대중 입장을 둘러싼 양측 간 냉랭한 분위기를 생각하면 한미관계를 지켜보는 사람들을 어리둥절케 하는 태도 변화이다.

이와 관련해 27일 정당 대표 초청 청와대 간담회에서 안철수 대표는 "정상회담 결과가 정부의 기존 외교·안보 정책과 확연히 다른데 정부가 충분히 예측하고 준비한 대로 결과문이 나온 것인가"라고 정곡을 찌르는 질문을 했는데 문 대통령의 답변을 전혀 듣지 못했다고 한다. 아마도 이번 정상회담 공동성명 문안은 한국이 남북관계에 대해 원하는 문구만 들어간다면 미국의 요구를 받아들일 수 있다고 해 나온 결과로 보인다. 문제는 안 대표의 말처럼 "민주당의 입장과 이번 정상회담 결과문이 다른데 정상회담 합의대로 받아들이고 실행에 옮길 의지가 있는지 물었는데 답을 듣지 못했다"라는 데 있다. 정부 인사들이 대만해협 관련 내용을 '매우 원론적이고 원칙적인 내용' 또는 '일반적인 문장'이라고 하고, 한미가 반도체·배터리·5G 등에서 협력을 약속한 것에 대해서는 '특정국 배제가 아니다'라고 하는 등 중국에 '변명'하는 듯한 설명을 했다. 심지어 공동성명에 "중국을 적시하지 않았으니 중국이 높이 평가할 것"이라고 했다. 대중국 정책에 달라진 것이 없다는 뜻인가? 속마음은 달라진 것이 없고 현 정부의 대북 정책에 대해 미국의 지지를 확보하려고 단지 말로만 미국의 입장에 부응한 것인가?

외교에 있어 가장 중요한 것은 신뢰이다. 신뢰는 언행으로 평가된다. 한미 공동성명에 북한과 관련해 넣고 싶은 내용을 넣기 위해 미국의 문구를 수용하고 귀국해서는 딴소리를 하는 것이라는 생각을 지울 수 없다. 이러한 처신은 중국에는 어설픈 변명이 될 것이고 미국에는 의구심을 갖게 할 것이다. 중국은 관영 매체를 통해 "한국은 한중관계의 차질을 막기 위해 실질적인 조치를 해야 한다"는 입장을 내놨고, 미국은 정상회담 직후 한국을 지목해 '쿼드 문이 열려 있다'라는 메시지를 보냈다. 그간 외교부는 미국이 쿼드 참여를 공식적으로 요청해 온 적이 없고 그래서 검토하고 있지 않다고 답변해 왔다. 개인 사이에도 중요한 모임을 준비할 때는 먼저 상대방의 의사를 확인하고 초청장을 보내지 않는가? 초청장은 한국이 물밑 대화에서 분명한 태도를 보이지 않아 안 보내고 있는 것인데 초청장이 안 왔으니 검토할 필요가 없다고 답하는 것은 한마디로 고단수는 아니다. 현실적으로 서로 대립하는 두 나라 모두와 '절친'이 될 수는 없다. 문재인 정부의 갈팡질팡하는 처신 때문에 한국은 미국과 중국 사이에서 '박쥐' 신세로 전락할 수 있다.

* 2021. 5. 30. 《천지일보》

신임 국립외교원장의 순진함과 가벼움

최근 신임 국립외교원장의 한미연합훈련에 관한 발언이 논란을 불러일으켰다. 전임 원장이 소위 '가스라이팅'이라는 개념을 이용해 한미동맹을 깎아내린 데 이어 후임 원장도 취임 직전에 못지않은 궤변을 내놓아 사람들을 당혹스럽게 만들었다. 그런데 신임 원장은 취임 후에는 백팔십도 태도를 바꾸었다고 할 만한 발언을 해 사람들을 어리둥절하게 하고 있다. 2~3일 만에 입장이 바뀐 것인지, 자신이 한 말을 기억 못 하는 것인지 아니면 공인으로서의 신중함이 부족한 것인지 궁금할 따름이다.

국립외교원은 외교·안보 분야 싱크탱크의 역할도 맡고 있으나 기본적으로 대한민국의 외교관 교육을 담당하는 기관이다. 외교관 교육기관의 장이 외교정책 또는 외교 이슈에 관해 공개적으로 의견을 제시하는 것은 기본적으로 부적절하다. 그러한 의견은 본부의 장관, 차관 등 정책 입안을 직접 맡고 있는 간부가 하는 것이 일반적이다. 신임 원장은 모 연구소 소속 학자로서 그간 시사 프로그램에 자주 출연하여 평론해 왔는데 국립외교원장으로 내정된 시점부터는 그러한 의견 제시를 자제했어야 했다. 이 점에서 행동이 가벼웠다는 지적이 나온다.

다음으로 그의 발언 내용을 구체적으로 살펴본다. 그는 "한미연합훈련을 반드시 해야 하는 것은 아니다" "북한 입장에서 한미연합훈련은 하느냐 마느냐가 문제이며 규모는 중요하지 않다" "북한의 경제력은 남한의 53분의 1, 한국의 재래식 군사력은 북한보다 우수하다" 등의견을 내놓았다. 그의 의견은 경제력에서 대한민국이 북한을 압도하고, 군사력도 핵무기를 제외한 부분에서는 한국이 우월하고, 북한의핵무기에 대해서는 미국이 한국에 대해 핵우산을 제공하면 되므로 한미연합훈련 실시는 꼭 필요한 것은 아니라는 것으로 읽힌다.

우선 군사력이 경제력과 상관관계에 있는 것은 맞지만 경제력에 정비례하는 것은 아니다. 군사력에 있어 비경제적인 요소를 결코 무시할 수 없다. 비경제적인 요소 가운데 가장 중요한 것이 군의 정신무장과 임전태세인데 이는 반복된 훈련을 통해서 형성되는 것이다. 중국의 국공내전, 베트남 전쟁 및 최근 아프가니스탄 사태는 오히려 경제력이 떨어지고 무기도 상대적으로 약한 쪽이 승리를 거두었다. 과거중국의 한족 왕조들이 북방민족들에 의해 번번이 유린당한 것도 경제력이 약하고 군비가 부족해서가 아니었다. 기강 해이와 부패가 결정적인 패인이었다. 또한, 국가 간 군사적 대결은 스포츠 경기가 아니다. 핵무기와 재래식 전력을 분리해 접근하는 것은 말이 안 되는 접근이다. 전쟁이 일어나면 재래식 전력은 재래식 전력하고만 겨룬다는 뜻인가? 그리고 가장 명심할 점은 스포츠 경기의 경우 '다음 기회'가 있지만 국가 안보에는 '다음 기회'라는 것이 있을 수 없다.

북한은 야외 기동훈련은 실시하지 않고 단지 컴퓨터 시뮬레이션을 통한 도상훈련까지 시비를 걸고 있는데 이는 한국 내 국론 분열과 한미동맹의 균열을 획책하는 것이다. 우리는 이러한 덫에 빠져서는 안 된다. 우리는 북한이 대내외적으로 적화통일 노선의 포기를 공식 선언하고 행동으로 그 진정성을 보여 줄 때까지는 북한에 대한 경계심을 내려놓거나 북한의 군사적 도발 가능성에 대한 대비를 게을리해서는 안 된다. 북한의 군사력이 핵무기를 빼면 별 것 없다고 판단하는 것은 전쟁 수행 능력에 대한 매우 잘못된 계산이다.

그리고 소위 '진보' 진영 인사들은 북한의 '민족주의적 수사(修辭)'에 휘둘려 국민들로 하여금 주한 미군의 존재를 '부끄러운 일'로 여기도록 부추기는 경향이 있는데 미군의 주둔은 애초 북한의 재남침에 대한 억지책으로서 우리가 요청한 결과로서 우리가 콤플렉스를 가질 이유가 조금도 없다고 본다. 오늘날 지구상에 100% 자력으로 자국의 안보를 유지하고 있는 나라는 손으로 꼽을 정도이다. 우리는 미군의 우리나라 주둔에 있어 원초적 이유는 북한의 재남침 가능성이라는 점을 대전제로 해 우리의 안보 문제를 논해야 하겠다.

신임 국립외교원장은 취임 후에는 내정 발표 이후 한 말에서 백팔십도 바뀐 의견을 내놓았다. 그는 "이제 우리가 북한에 더는 호의를 보일 필요가 없다"라고 하면서 "북한이 단거리 미사일이라도 발사하면 참수·선제 공격, 북한 점령 작전 훈련을 이번 주에 해버려야 한다"라고 했다. 이러한 가벼움을 갖고 외교관 후보생들의 존경을 받는 원장이 될 수 있을지 걱정된다.

* 2021.8.22. 《천지일보》

이것이야말로 가스라이팅이다

김준형 전임 국립외교원장은 지난 3월 출간한 저서에서 "한국은 한미동맹에 중독되어 왔다. 압도적인 상대에 의한 '가스라이팅(gaslighting)' 현상과 닮았다"라며 "미군 철수는 한반도 평화 체제의 구축 과정이 될 수도 있다"라고 주장하였다. 가스라이팅은 상대방의 심리에 오랜 기간 교묘하게 영향을 주어 상대방을 종속 또는 의존케 만들어 상대방을 통제 또는 지배하는 것을 뜻한다. 북한은 금년도 한미연합훈련에 대해 취소를 요구하고 나아가 주한 미군 철수를 주장하였다. 북한은 '배신' '안보 위기' 등 표현을 사용하며 거의 협박에 가까운 반응을 보였다. 그런데 문재인 정부와 여권으로부터 이러한 북한의 주장 또는 입장에 대해 호응하는 언행이 나왔다. 이것이야말로 가스라이팅의 결과 아닌가?

북한의 김여정 노동당 부부장은 지난 1일 한미연합군사훈련 취소를 요구하고 10일에는 미군 주둔 자체를 비난하며 철수를 주장하였다. 11일에는 김영철 통일전선부장이 '전쟁 연습' 운운하면서 '안보위기'를 거론하였다. 이러한 북한의 주장에 대해 2일 통일부 대변인은 '훈련으로 긴장이 조성되어서는 안 된다'고 하고 3일 국정원장은 '훈련을 중단하면 북한이 상응 조치를 할 것'이라고 하였다. 이어 5일에는 범여권 의원 70여 명이 "북한이 평화협상에 나올 것을 전제로, 훈련 연기를 검토해달라"며 한미연합훈련 연기를 요구하는 성명을 냈다. 또한, 홍현익 국립외교원장 내정자는 "한미연합훈련을 하지 않아도 된다, 훈련하더라도 구체적인 내용을 북한에 알려야 한다"라고 했고, 대통령 직속 자문기구인 민주평화통일자문회의 수석부의장직을 맡고 있는 정세현 전 통일부 장관은 '문재인 대통령이 한미연합훈련 본 훈련을 취소해야 한다'라고 하였다. 결국, 금년에도 한미연합훈련은 야외 기동훈련 없이 컴퓨터 시뮬레이션을 통한 도상훈련으로 치러졌고, 훈련 참가 인원도 대폭 축소되어 과연 이것도 훈련인가 하는 질문을 던지게 된다.

그런데 문재인 정부가 들어선 이후 한미연합훈련 말고도 북한의 말에 따라 우리 정부가 행동을 취하는 경우가 적지 않았다. 2020년 6월 김여정이 대북 전단 살포를 비난하며 우리에게 '(금지)법이라도 만들라'고 요구하자 통일부는 불과 4시간 지나 예정에 없던 브리핑을 자청해 '준비 중'이라고 발표했고 이후 민주당은 '김여정 하명법' 논란 속에서 <남북관계 발전에 관한 법률>의 개정(대북 전단 금지)을 추진하였다. 지난 5월에는 김여정이 '탈북민들의 전단 살포를 통제하지 않은 남조선 당국이 책임지게 될 것'이라고 하자 경찰청장은 바로 '철저한 수사를 통해 엄정 처리하라'고 지시했다.

북한의 반응에 따라 외교안보 부처 장관이 바뀌는 경우까지 발생하였다. 김연철 통일부 장관은 작년 6월 김여정의 예고대로 북한이 개성 남북 공동연락사무소를 폭파하자 이튿날 "남북관계 악화의 책임을 지겠다"라며 떠밀리듯 사의를 표하였다. 문재인 대통령과 5년 임기를 함께할 것으로 보였던 강경화 외교부 장관도 '김여정 데스노트'에 이름이 오른 지 한 달 만에 교체됐다. 그리고 정경두 국방부 장관은 작년 6월 김영철 당시 당중앙위 부위원장의 비난 담화 2개월여 만에 물러났다. 물론 이러한 장관 교체가 북한의 말에 따른 것이라고 단정할 수는 없겠으나 많은 사람이 개운치 않게 생각하고 있다.

남한의 정치인과 고위관리들이 북한의 눈치를 보는 지경이 되었다고 하면 지나친 말일까? 김준형 전 국립외교원장이 '가스라이팅'이라는 생소한 표현을 썼는데 쉬운 우리말로 하면 '길들이기'이다. 한미관계에서 그간 사안에 따라 일방통행식 소통이 있었는지 모르겠으나 현재 남북관계에서와 같은 일이 벌어진 적이 있는가? 그가 말하는 '가스라이팅'은 그간 북한에 의해 소위 '진보' 정권을 상대로 진행되어 온 것 아닌가? 현 정부가 북한에 대해 과도하게 저자세를 취하고 있음은 우리나라에서 주지의 사실이며, 국제사회도 그렇게 판단하고 있다.

북한에서 누군가 한마디 하면 경청하는 분위기 자체가 문제라고 생각한다. 이를 무시하거나 단호하게 대응하지 못하고 호응하는 현상은 국론을 분열시키고 무엇보다도 가스라이팅을 심화시킬 뿐이다. 이러한 북한의 남한에 대한 가스라이팅이 계속되면 대한민국은 북한이라는 적 앞에서 정신적 무장해제 상태에 놓이게 될 것이다. 북한이 주장하는 '우리 민족끼리'는 한국 사회의 감상적 민족주의를 이용하여 한국 사회가 북한의 적화 기도에 대해 무감각해지도록 만들려는 고도의 술수이다. 가스라이팅으로 설명해야 할 것은 결코 한미관계가 아니고 남북한 관계이다. 북한이 남북한 기본합의서가 규정한 대로 민족공동체 의식을 갖고, 평화적 통일을 향하여, 남북한 간 화해와 협력의 길로 들어서게 하려면 우리 정부와 사회가 북한이 더 이상 가스라이팅을 시도하지 못하게 차단하고, 그간 진행된 가스라이팅을 하루바삐 척결하는 것이 긴요하다.

* 2021.8.24.《미디어시시비비》

Ⅲ. 일본을 너무 미워하지 말자

일본 기업 징용 배상 판결 이행에 대한 단상

오는 8월 4일이면 우리 대법원의 징용 배상 판결의 이행을 거부하고 있는 일본 기업의 압류된 자산을 현금화하는 절차가 시작될 수 있다고 한다. 만일 우리 측이 현금화를 강행한다면 어떤 상황이 벌어질까 우려된다.

우리 대법원은 2018년 10월 징용 피해자들이 신일철주금(현 일본제철)에 제기한 손해배상 청구 소송에서 원고들에게 1억 원의 위자료를 지급하라고 판결했다. 그 뒤 2019년 7월 일본은 이에 대한 보복으로 우리의 첨단산업에 필요한 소재, 부품 및 장비의 수출을 규제하는 조치를 취했고 이에 대해 국내에서는 일본산을 대체하는 조달 방안을 놓고 소동이 벌어지고 일본 상품 불매운동이 일어났으며, 한일군사정보보호협정의 연장 문제가 한국과 미국 사이에 갈등을 야기했다. 문재인 정부가 들어서서 2015년 일본군 위안부 합의에 대한 재검토를 시작으로 사사건건 일본과 마찰을 빚어왔다. 이런 사태의 배경에는 현 정부의 정치적 득실 계산도 있었을 것이고 큰 틀에서는 한국의 일본에 대한 상대적인 국력이 1965년 국교 정상화 당시와는 크게 달라짐에 따라 그동안 억눌렸던 민족적 자존심의 발로가 그 기저에 깔려 있다고 할 수 있다.

그런데 최근 일본과의 갈등을 통해 우리가 얻은 것이 무엇인가? 미국이 우리 편을 들어줬는가? 국제사회가 우리와 연대했는가? 불행한 역사를 정의의 이름으로 청산하겠다? 인류 역사상 힘이 뒷받침되지 않는 정의는 무기력할 뿐이었다. 일제 잔재 청산의 구호가 해방 후 지금까지 지속되고 있다. 하지만 일제가 우리 민족의 의식에 심어놓은 식민사관 내지 반도사관이라는 가장 심각한 독은 제거하기는커녕 손도 못 대고 있는 현실을 어떻게 봐야 할까? 왜 우리는 일본에 대한 분노를 격정적으로 토로하기만 하고 조용히 와신상담하지 못하는가?

작년에 일본이 소재, 부품 및 장비에 대한 수출을 규제하자 한국에서는 기술독립을 선언했고 그간 성과도 있었다고 한다. 왜 진작부터 기술독립을 추진하지 않고 일본에 당하고서야 그런 노력을 하는가? 1965년 국교 정상화 이래 50여 년이 지났지만 기술 격차에서 비롯된 만성적인 대일 무역적자 구조가 여전히 해소되지 못하고 있다. 한국 내 일본상품 판매장이 한산해졌고, 한국 관광객들이 발길을 끊어 일본에서 한국 관광객이 많이 찾는 지역에서는 난리가 났다고 대대적으로 보도했는데 일본인들을 긴장하게 만드는 것은 그런 것들이 아니다. 8월 29일은 국치일이다. 즉 한일합방이 공식 발표된 날이다. 그런데 요즘 한국인들 가운데 얼마나 그날을 기억하고 있을까? 또한, 그날 극일의 결의를 다지는 한국인들이 얼마나 될까? 기록에 따르면 1910년 그날에도 대한제국의 극소수 엘리트의 소극적인 반발이 있었을 뿐이고 관리들과 백성들 대부분은 여느 날처럼 조용히 지냈다고 한다.

최근 수십 년 동안 우리 언론은 우경화, 재무장, 군국주의 부활 등을 이야기하며 일본의 잠재적 위협에 대한 경종을 수없이 울렸다. 그런데 국제사회에서 일본의 이미지는 항상 최상위권에 있고 미국은 동북아시아의 안보에 있어서 은근히 일본이 미국의 짐을 나눠지기를 기대하는 눈치이다. 또한 미국은 독도 문제에 대해 중립적인 입장을 취한다. 독일과는 달리 일본이 이웃들에 대한 침략의 역사 특히 조선인에 대한 억압에 대해 반성하지 않는 것도 알고 보면 미국이 기본적으로 유태인과 조선인에 대해 갖고 있는 생각이 다르기 때문이다. 일본과의 관계에 있어서 국제사회가 우리 편일 수 있다는 기대는 환상이다. 국제사회는 결코 약자를 선호하지 않는다. 이는 역사가 보여 준 국제사회의 엄연한 현실이다.

과거사 문제 가운데 특히 징용 배상 문제는 1965년 대일 청구권 협정의 해석을 둘러싸고 논란의 여지가 있다. 지나간 일에 대해 인정하고 싶지 않아도 정부 간 합의에 대해서는 존중하지 않을 수 없는 면이 있다. 앞서의 합의를 뒤집고자 한다면 단순한 외침이 아니라 양국 간의 역학관계를 바꾸기 위한 뼈를 깎는 노력이 선행돼야 한다. 좋으나 싫으나 일본은 우리가 거부할 수 없는 이웃 나라이다. 중국만큼이나 일본과의 경제 교류는 우리에게 긴요하다. 모든 국가 간 관계가 그렇듯이 한일관계도 개별 이슈를 떼어서 논의할 수 있는 단선적인 구조가 아니라 많은 이슈가 연결돼 있다. 징용 배상 문제에 있어 우리 측이 단지 일본의 반발에 물러서는 모습을 보이는 것을 꺼려해 양국 관계에 부정적인 영향만을 가져다주는, 비생산적인 마찰을 계속 이어만 가는 것은 우리의 국익에 도움 되는 일이 아니다.

* 2020.7.26. 《천지일보》

작금의 한일관계, 어떻게 풀 것인가?

　문재인 대통령과 스가 신임 일본 총리가 서신 교환에 이어 24일 전화통화를 했다. 한일 양국 정부는 현재와 같이 경색된 한일관계를 풀어야 한다는 데는 공감하고 있으며 이를 위해 막후 채널도 가동되고 있다고 한다. 핵심은 한국 대법원의 징용공 배상 판결과 관련한 문제를 어떻게 해결할 것인가이다. 징용공 배상 문제는 1965년 청구권협정의 해석 논란을 야기했을 뿐만 아니라 무역 마찰, 군사정보보호협정(지소미아)의 지속 여부 등 한일관계 전반에 심각한 영향을 미치고 있고 나아가 한미관계에도 부담 요인으로 작용하고 있다.

　국내 일각에서는 일본 총리가 바뀐 것을 갖고 한일관계가 개선되지 않나 기대를 표했다. 하지만 스가 총리는 외교에 있어 아베 전 총리의 노선을 계승할 것이며, 한국 정부에 대한 일관된 입장에 근거해 한국 측에 적절한 대응을 강하게 요구해 나가겠다고 한 만큼 앞으로 한일 정부 간 대화 자체는 진행되겠으나 일본 측의 입장 변화를 기대하기는 어려워 보인다. 현재 일본기업의 한국 내 자산을 매각해 현금화하는 절차가 중지 상태이나 이 상태가 마냥 계속되기는 어려울 것이다.

현금화의 대안으로서 국내 일부 정치인들이 타협안을 제시했는데 타협은 일본의 압력에 굴복하는 굴욕적인 것이라고 생각하는 막무가내식 반일 여론 앞에서는 추진하기가 쉽지 않다.

그런데 일본 측은 국제사회에 대해 1965년 청구권 협정에서 징용배상 문제는 일괄 타결됐으며 따라서 개인청구권은 인정되지 않으므로 한국 측이 국제법을 위반했다고 주장 또는 선전하고 있다. 반면에 국내에서는 이 협정은 국가 간 배상만을 다루었으며, 따라서 개인청구권은 소멸되지 않았다고 주장한다. 이러한 대립은 결국 협정의 해석 문제인데, 협정은 그러한 문제가 발생했을 때 해결방식을 규정하고 있다. 일본 정부는 그 규정에 따라 한국 정부에 중재위원회 구성을 제의 또는 요청했는데 한국 정부는 응하지 않으면서 일본이 자신들의 원죄에 대해 반성하지 않고 배상마저 하지 않으려 한다고 대응해 왔다. 국내 소송 절차를 보면 상위규범인 헌법이나 다른 법령의 해석이 소송의 핵심적인 쟁점과 관련이 있는 경우 이에 대한 판단을 먼저 구하고 본안에 대한 결론은 미루는 것이 일반적이다. 더욱이 외국과의 관계에 있어서 심각한 파장이 예상되는 경우 국제사회의 일반적인 경향은 사법부가 그런 사안에 대해서는 판단을 보류하는 것, 즉 사법자제이다. 한국 측이 청구권 협정의 해석에 관해 자신이 있다면 청구권 협정의 분쟁해결절차에 응해 승소하는 것이 일본으로 하여금 우리의 주장에 승복케 하는 간단한 방법이다.

한일관계에 대한 접근에 있어 한국인들의 기본 인식은 "네 죄를 네가 알렸다"식인 것 같다. 한국인들은 일반적으로 일본의 강제병합과 이은 식민지배에 대해 용서할 수 없고 잊을 수 없는 행동이라고 생각하며 끊임없이 사죄를 요구한다. 그런데 일본보다 훨씬 더 오랜 기간, 그리고 광범위하게 침략과 식민지배의 역사를 갖고 있는 영국, 프랑스 등을 보면 포괄적인 사죄 또는 배상을 한 적이 없다. 한국 사람들은 독일이 2차 대전 때 나치독일이 저지른 행동에 대해 지금도 기회가 있을 때마다 사죄를 표하고 있는 것을 보고 일본은 '성숙되지 못한 나라'라고 하며 '독일을 본받으라'는 이야기를 자주 한다. 그런데 독일 정부가 그런 태도를 견지하는 것은 나치독일의 유태인 박해와 관련해 유태인의 영향력이 막강한 미국을 의식한 결과이며, 20세기 초 독일이 아프리카 서남부 식민지에서 저지른 인종학살에 대해 사죄하라는 요구에 대해서는 응대조차 하지 않고 있다는 사실은 대부분 한국인들이 잘 모르고 있다.

국제사회는 기본적으로 정의 또는 법이 아니라 국가이익과 이를 위한 힘이 지배하는 곳이다. 한국인들의 과거 고통에 진정으로 귀를 기울이는 나라는 별로 없다. 현재와 같이 경색된 한일관계와 관련해 일본이 한국을 국가 간 합의와 국제법을 위반한 나라라고 계속 주장하면 한국의 대외적인 이미지에 부정적 영향을 주지 않을까 우려된다. 언제까지 우리는 분노와 눈물을 갖고 일본을 대할 것인가? 국제관계에 있어 도덕과 명분을 앞세우는 조선 시대 성리학을 우리는 아직도 극복하지 못한 것인가? 징용공 배상 문제가 한국이 원하는 대로 해결되지 않는다면 한일관계 개선은 있을 수 없다는 입장을 계속 견지할 것인가? 등 질문을 던져봐야 한다.

* 2020.9.27. 《천지일보》

한국인의 대일본 및 중국 인식, 계속 이래야 하나?

한국인들의 일본과 중국에 대한 인식을 보면 지나치게 고착되어 있다는 생각이 든다. 그리고 객관성도 부족한 것 같다. 당시의 시대적 상황은 어떠했는지, 구체적으로 인과관계가 어떠했는지, 책임을 묻는다면 누구에게 물어야 하는지 등에 대한 깊은 지식과 분석 없이 표피적인 가해와 피해 관계만을 되뇌면서 국가 간 관계에 대해 선악의 관점에서 접근하고 있다. 그리고 또 하나 문제는 공정하지 않은, 즉 이중 잣대의 사고이다. 이중 잣대는 제3자에게 결코 설득력 있는 주장을 제시하기 어렵다.

먼저 일본의 조선 강제병합을 놓고 보자. 여타 강국들은 '선(善)한' 나라로서 조선의 주권과 독립을 지켜주려고 애썼는데 일본만이 악랄한 뜻을 갖고 있었던가? 특히 당시 청(淸)나라는 어떠했는가? 청은 아편전쟁에서 영국에 패하여 제국주의 열강들의 각축장으로 변해 버렸고 이로 인해 급격한 쇠퇴의 길을 걸었다. 이런 형편임에도 불구하고 청은 만만한 조선에 대해서는 계속 종주권을 유지하겠다는 의도로 조선을 사실상 속국으로 만들려 하지 않았던가? 19세기 후반 청의 감국대신으로 조선에 와 있었던 위안스카이(袁世凱)가 조선에서 저지른 횡포는 역사가 기록하고 있다. '파란 눈의 코리안'이라고 불릴 정도로 조선을 사랑했던 미국인 선교사 호머 헐버트가 쓴 《조선의 사라짐(The passing of Korea)》은 당시 상황에 대해. "이것(1884년 갑신정변 뒤 청군과 일본군 사이의 충돌에서 일본군이 패퇴한 일)은 일본이 중국에게 당한 첫 번째의 큰 역전이었고, 조선이 어디를 선택할지에 관한 물음은 뚜렷이 해결되었다. 조선은 이 뒤로 완전히 중국의 손안에 들어갔고 10년 뒤 1894년에 일본이 현상을 뒤집을 때까지 그런 상태에 머물렀다. 이 기간에 조선의 독립에 대한 중국의 계속적인 침탈과 조선의 구제불능의 굴종이 있었고, 이런 사정은 조선의 가장 좋은 친구들의 호의를 거의 다 없애는 지경까지 이르게 되었다"고 기술하고 있다. 즉, 청은 일본과 마찬가지로 조선을 지배하려 하였으나 청일전쟁에서 패하여 조선에 대한 종주권을 포기하고 물러났을 뿐이다.

19세기 이전은 어떠했는가? 물론 일본의 침략은 임진왜란 이외에도 있었다. 하지만 우리나라의 5,000년 역사에서 한족이든 거란족, 몽골족, 만주족 등 북방민족이든 대륙으로부터의 침략이 훨씬 더 자주 있었다. 이에 대해 대륙세력의 경우는 우리의 국권을 송두리째 빼앗은 적은 없었다고 말할지 모르겠다. 그러한 차이는 당시 우리나라가 그러한 침략을 물리칠 수 있는 역량이 어느 정도였는가에 따른 것이고 침략자의 악의의 정도에 달려 있었던 것은 아니다. 국가 간 관계에서 침략의 근본적인 유인은 국력의 현격한 차이라고 할 수 있다. 냉정하게 말하면 물이 높은 데서 낮은 데로 흐르는 자연현상과도 같다고 할 수 있다. 그런데 대다수 한국인들의 의식에는 일본에 대한 적개

심만 존재한다. '가해자'가 여럿인데 어느 하나만을 원망하고 적대시한다. 이것은 일종의 기억 편향이라고 할 수 있다. 또한 이러한 현상의 심리적 기저에는 우리보다 못하다고 생각하는 집단에게 당했다는 상처받은 자존심이 자리 잡고 있는 것은 아닐까? 어려서부터 지겹게 들어온 이야기가 있다. 조선통신사와 관련하여, 맨발인 일본의 하급 무사들이 통신사 행렬을 호위하였고 통신사 일행의 숙소에는 일본인들이 몰려와서 조선 관리들에게 시(詩)를 청하였다는 이야기이다. 이는 조선이 일본보다 문화적으로 우위에 있었다는 뜻으로 들리는데, 과연 그랬을까? 객관적으로 말하면 당시 조선 식자층이 중국 고전에 대한 이해도와 한문 실력에서 일본인들보다 다소 나았다는 정도에 불과한 것이다.

수십 년 전부터 일본의 우경화 및 재무장에 대한 우려가 있어왔다. 아베 수상의 집권 시기에는 소위 평화헌법의 개정, 즉 전쟁을 할 수 있는 보통국가로의 전환이 이슈가 되었다. 일본이 군사력을 강화하는 것은 물론 우려할 일이고 대비하여야 한다. 한반도 유사시에 혹시 일본군이 미군과 더불어 또는 단독으로 들어오지는 않을까 걱정하는 견해도 있다. 그런데 최근 유일 초강대국 미국에 도전할 정도로 강화된 중국의 군사력에 대해서는 왜 우려의 목소리가 거의 없을까? 중국은 우리를 침략할 리가 없어서인가? 까마득한 옛날이 아니라 불과 70년 전인 6.25 전쟁 때 압록강을 건너 쳐들어온 수십만의 중공군은 뭔가? 이로 인해 우리의 통일은 좌절되었고 바로 끝날 것 같았던 전쟁은 2년 반이 지나서야 그것도 휴전으로 마무리되었다. 중공군을 물리치는 과정에서 수많은 국군 및 유엔군 장병들이 희생되었고 많은 사람들이 피난을 가야만 하였다. 우리는 걸핏하면 사죄를 받아야 한다는 말을 하는데 1991년 중화인민공화국과 수교하면서 북한과의 단교 요청은 고사하고 중공군의 6.25 참전에 대해 사죄하라고 말이라도 하였을까? 중국의 침략은 과거의 한 에피소드에 불과하고 일본의 침략은 두고두고 되새기고 규탄할 일이라고 생각하는 것일까?

일본의 군사력 강화와 중국의 군사대국화를 전혀 다르게 바라보고 있는 이유는 무엇일까? 조선 시대 500여 년간 서당에서부터 성균관에 이르기까지 한문으로 된 교재로써 중국의 역사와 사상만 배우고 우리 것은 곁다리로 들어왔던 세월의 유산인가? 그 유산은 그렇게 강한 것인가? 2017년 중국 방문 때 문재인 대통령이 양국 기업인들 모임에서 한국과 중국은 '운명공동체'라고 하고, 베이징 대학교 연설에서는 '큰 산봉우리 중국 앞의 작은 나라 한국'이라고 하였다고 한다. 북한 주민은 우리에게 동포이나 김씨 왕조의 북한은 어쨌든 우리의 '적'이다. '적'과 동맹관계를 맺고 있는 나라를 '운명공동체'라고 부를 수 있나? 성리학을 숭상하던 조선의 모화사대주의자들이 21세기에 부활하지 않고서야 어찌 이런 일이 있을 수 있는가? 그러다 보니 우리 국토를 방위하기 위해 필요한 조치도 중국의 눈치를 보느라 주저하게 되는 일이 일어나고 있다.

다음으로 역사 왜곡 문제를 살펴보자. 일본 역사 교과서의 침략 사실 미화가 여러 번 문제가 되었고 아직도 진행형이다. 일본 역사 교과서의 내용이 문제가 되면 어김없이 일본을 규탄하는 시위가 열린다. 일제가 조선사편수회를 통하여 심어놓은 식민사관에 대한 비판이 이어지고 있지만 원론적인 비판이지 각론에 들어가면 여전히 식민사관을 답습하고 있다. 해방된 독립국가 대한민국이 자국 역사를 기술하는데 일본이 간섭이라도 하고 있는가? 우리가 극복하지 못하고 있을 뿐이다. 그런데 역사 왜곡에서 중국의 왜곡은 임나일본부설로 대표되는 일본의 역사 왜곡과는 비교가 안 될 정도로 통시적이다. 중국은 한반도 북부가 진(秦)나라 때부터 중국의 영토이었으며 고구려 및 발해는 중국 왕조의 지방정권이어서 중국 역사에 속한다고 주장한다. 소위 동북공정의 역사관이다. 2017년 시진핑 주석이 트럼프 대통령과의 정상회담에서 '한국은 중국의 일부였다'라고 한 발언은 이런 맥락으로 이해할 수 있다. 그런데 당시 시진핑 주석의 발언에 대해 당연히 격렬한 반중 시위라도 있었어야 마땅하나 주한 중국 대사관 앞은 조용하기만 하였다.

김영삼 대통령 때 일본 역사교과서 파동 당시 마치 한국과 중국이 함께 일본에 압력을 가하자는 그런 분위기도 있었다. 그런데 중국이 한일 갈등 요인 가운데 독도 영유권 문제에 대해 우리 편을 든다면 평가할 수도 있겠으나 중국은 우리 편을 든 적이 없다. 또한 아직 한국과 중국은 해양 경계선을 획정하지 못하고 있으며 잠정적으로 중간수역이라는 것이 있을 뿐이다. 이를 무시하고 중국 어선들이 떼를 지어 우리 영해까지 침범하는 행위가 수십 년째 계속되고 있으나 우리 정부는 미온적으로 대처하고 있다. 심지어 중국 해적이 한강 하구 군사분계선 해역까지 침범하여 유엔군사령부가 나선 적도 있다. 일본 어선들이 이런 짓을 하였다면 국내에서 어떠하였을까? 언젠가 필자가 기자들에게 중국의 영해 침범행위에 대한 보도가 왜 중앙지에는 실리지 않느냐고 물었더니 '너무 자주 있는 일이어서 기삿거리가 안 된다'

는 답변을 들었는데 기가 막히지 않을 수 없다.

　2017년 문 대통령의 중국 방문 때 중국 공안의 통제를 받는 행사장 보안요원들이 한국 사진기자들을 집단으로 폭행하는 일이 벌어졌다. 당시 상당수 우리 언론이 중국 측을 비난하였으나 여권 인사들은 우리 사진기자들이 맞을 짓을 하지 않았겠느냐고 하였다. 어처구니없는 반응이다. 당시 중국 측에서 진상 조사를 하여 조치를 취하겠다고 하였다는데 언론 보도로는 그 뒤 아무런 조치가 없었다. 만일 이런 일이 일본에서 벌어졌다면 어떠하였을까?

　대다수 한국인들은 일본의 국세가 약화되는 것을 반기겠지만 동북아시아에서 중국이 지역패권을 장악하고 일본은 쪼그라드는 것이 과연 한국의 입장에서 바람직하기만 할까? 한국 입장에서 일본은 끊어버리고 싶은 악연일 뿐인가? 중국은 한국이 참고 함께 가야할 운명공동체인가? 그들 모두 우리에게 경계의 대상이다. 중국이든 일본이든 우리를 능멸하거나 적대행위를 하려 한다면 단호히 대응해야 한다. 상황에 따라 중국과 더불어 일본의 압박에 대처할 수 있고, 일본과 함께 중국의 횡포에 대응하는 것이 외교 아닌가? 그러한 외교적 유연성이 발휘되려면 일본에 대한 감정 과잉과 중국에 대한 기억 편향 모두 극복하고 냉정해져야 한다. 물론 일제강점기에 직접적으로 피해를 입은 사람들과 유족의 입장에서 일본에 대한 감정을 추스르기 쉽지 않다는 것은 이해되지만 정부 차원에서 그들의 감정을 정치적으로 이용하려는 행태는 국익에 반하는 것이다.

* 2020.10.12. 《미디어시시비비》

대일 외교 왜 이러나?

　최근 한국 측 요인들이 한일관계를 복원해 보겠다는 목적을 갖고 일본을 방문했다. 박지원 국정원장 및 한일 의원 연맹 소속 의원들이 스가 총리를 예방해 12월 서울에서 개최될 한중일 정상회담 계기에 방한할 것을 요청했다. 하지만 일본 측이 보인 반응은 한국 측이 징용 배상 문제에 대한 해결책을 제시하지 않는 한 스가 총리의 방한은 어렵다는 입장인 것 같다. 최근 한국이 일본에 대해 구애하는 모습은 2018년 10월 대법원의 징용 배상 판결 이후 일본 측의 반발에 대해 얼마 전까지 '죽창가'로 대변되는 강경한 자세와는 사뭇 대조적이다.

　이러한 태도 변화는 어떻게 해석해야 할까? 우리 정부는 징용 배상 문제 논의를 도쿄 올림픽 때까지 동결하고 일단 양국 관계를 복원하자는 것인데 언론 보도에 따르면 도쿄 올림픽 계기에 북한의 김정은 위원장을 초청해 바이든-김정은 회담을 추진해 보고자 하는 의도가 있는 것으로 보인다. 또한 한국이 북한이 납치한 일본인 문제 해결을 돕겠다는 제의도 했다고 한다.

　일본 측이 우리 측의 이런 의도에 대해 과연 호의적으로 반응할지는 회의적이다. 정작 양국 관계 악화의 핵심 이슈는 덮어 두고 한국의 대북 외교 구상을 추진하기 위해 일본이 협조하라는 것 아닌가? 징용 배상 문제를 둘러싸고 한국 정부가 일본 때리기에 앞장 설 때는 언제이고 우리가 아쉬운 상황이 되니까 일본에 대해 '잘해 보자'고 덤비고 있는 것이다. 한일관계의 주도권을 한국이 쥐고 있다고 착각하는 것은 아닐까?

2018년 10월 이래 한국 정부는 일본에 대해 갈 때까지 가보자고 했고 일본이 소재·부품·장비에 대해 수출 규제를 하자 대체 수입선을 확보한다고 한동안 국내에서 소동이 일어나기도 했다. 금년 8월 신일본제철의 한국 내 자산 현금화 절차가 가능해졌으나 현재 사실상 정지상태이다. 한국 정부의 결기가 아직 그 선을 넘기에는 부족한 것일까? 그간 이 문제 때문에 한일관계가 악화됨으로써 우리가 얻은 것은 과연 무엇인가? 한일관계 악화에 대해 누군가는 회심의 미소를 짓는 것은 아닐까?

과거 일본의 식민지배라는 원죄 때문에 한국이 대일 외교에서 도덕적 우위에 있다는 말은 틀린 말은 아니다. 하지만 한국이 식민지배와 관련해 일본에 대해 주장하는 것 모두가 항상 국제법적으로도 정당성을 갖는 것은 아니다. 징용 배상 문제는 분명히 1965년 한일 청구권 협정의 해석 문제이고 이 협정은 해석을 둘러싸고 이견이 있으면 중재위원회를 구성하도록 규정하고 있는데, 한국 측이 이를 거부하고 있는 것이다. 더욱이 징용 배상 문제를 둘러싼 양국 간 이견에 대해 국제사회가 전폭적으로 한국 입장을 지지한다고 확신할 수 있을까? 국내 사회에서도 어떤 행위나 사안에 있어 도덕적 비난 가능성과 법적 책임은 별개인 경우가 허다하다. 대법원 판결과 관련해 한국 정부는 삼권분립이라는 민주주의 원칙에 근거해 행정부가 사법부의 판결을 받아들일 수밖에 없다고 주장하는데 그러면 일본 입장에서는 한국은 복수의 정부가 있는 국가라는 이야기가 된다.

언론 보도에 따르면 최근 한국 측 요청 또는 제의에 대한 일본의 반응은 한마디로 냉소적이다. 우선 도쿄 올림픽 계기로 남북미일 4개국 정상회담 개최를 거론하는 것과 관련해 '정치적인 쇼로서는 의미가 있을지 모르지만 무슨 진전이 있을지에 대해서는 전문가들의 검증이 필요하다'라고 했다. 12월 한중일 정상회담 계기 스가 총리의 방한에 관해서는 '상식적으로 볼 때 일한관계가 악화된 상태에서 일본 총리가 잘 될 것이라는 전망도 없이 한국을 방문하는 것은 생각하기 어렵다' '한국에는 일한관계가 깨질 수 있다는 위기감이 없어 보인다' '한국은 일본이 받을 수 있도록 스트라이크나 스트라이크에 가까운 볼(해법)을 던지지 않으면 관계가 진전되기 어려울 것'이라고 했다.

오늘날의 한국은 과거 일본과 국교 정상화를 협상하던 한국이 아니다. 우리 정부가 국민들에게 수시로 홍보하듯이 경제규모가 세계 10위권인 나라이다. 그런 한국이 언제까지 일본에 대해 피해자 코스프레를 계속할 것인가? 작금의 복잡한 동북아시아 정세는 한국이 한가하게 일본에 대한 해원(解冤) 놀음에만 빠져 있도록 놔두지 않는다. 현재 한국은 19세기 말과는 전혀 다른 도전과 위기에 봉착해 있지 않은가? 역사적 앙금이 있는 나라가 상황에 따라서는 한 편이 될 수 있는 것이 국제사회의 현상이다. 하지만 현 정부는 그간 어떤 의도에서건 과도하게 반일 감정을 부추겨 왔다. 정부가 부추긴 반일감정은 일본과 타협하려는 정부의 발목을 잡을지 모른다. 그리고 쉽게 변하는, 가벼운 나라는 아무도 어려워하거나 두려워하지 않는다.　　　　* 2020.11.22. 《천지일보》

그는 아직 주일 대사가 아니다

　문재인 대통령은 11월 23일 여권의 대표적인 일본통으로 알려진 강창일 전 의원을 주일 대사로 내정했다. 문재인 정부가 지난달 국정 원장 및 한일 의원연맹 소속 의원들의 일본 방문에 이어 주일본 대사 를 교체하는 것은 내년 도쿄 올림픽에 앞서 꼬인 한일관계를 풀어 보 겠다는 의지를 갖고 있는 것으로 보인다.

　그런데 한국 정부는 강창일 내정자에 대해 아직 접수국(일본)으로 부터 아그레망(외교사절 접수 동의)을 받지 않은 상태이다. 1961년 < 외교관계에 관한 비엔나협약>은 '파견국은 외교사절단의 장으로서 접수국에 파견하고자 하는 자에 대해 접수국이 동의하는지 여부를 확 인해야 한다'고 규정해, 아그레망을 구하는 것을 파견국의 의무로 하 고 있다. 즉, 파견국이 파견코자 하는 외교사절을 접수국은 거부할 수 있으며, 이러한 거부가 있음에도 파견하면 당연히 양국 관계에 부정적 영향을 미칠 것이므로 파견국은 외교사절의 임명에 앞서 상대방 정부 의 동의를 구하고 있다. 접수국 정부에 아그레망을 요청하면 통상 2주 에서 4주 정도 후 회답을 받는다. 파견국 정부는 아그레망을 접수하면

내정 사실을 대외적으로 발표하고 국내법상 임명 절차를 밟는다.

강 내정자의 경우 한국정부가 일본 정부로부터 아그레망을 받기도 전에 내정 사실을 발표한 것이다. 언론 보도에 따르면 일본 정부 대변인인 가토 가쓰노부 관방장관은 12월 2일 정례 브리핑에서 강창일 주일 대사 내정자에 대해 대사에 어울리는 인물이냐는 질문이 나오자 "어울리는지 어울리지 않는지는 아그레망 이야기가 포함된다"고 하고 "사안의 성격상 내가 여기서 논평할 일이 아니다"라고 원론적인 답변을 했다. 일본 정부가 아그레망을 거부할 가능성은 희박하나 강 내정자를 그리 긍정적으로 보지 않는다는 속내를 드러내는 발언으로 들린다.

다음으로 강 내정자는 12월 1일 요미우리, 교도통신 등 일본 언론과 인터뷰를 했다는데 대사 내정자인 상태에서 일본 언론의 취재에 응한 것이 적절했는지 생각해 볼 필요가 있다. 한국 정부가 내정 사실을 발표한 마당에 일본 언론의 인터뷰 요청에 응하지 않기가 어려웠을 것이나 일본 언론에 대해 아그레망이 나올 때까지 기다려 달라고 하는 것이 좋지 않았을까? 나아가 강 내정자는 인터뷰 질문에 대해 어떻게 답변할 것인가를 놓고 외교부와 사전에 충분히 협의했는지 묻고 싶다. 그가 4선의 정치인이라 할지라도 대사는 외교정책을 결정하는 자리가 아니고 그 언행에 있어 정부의 지시를 따른다는 기본적인 것을 잠시 망각한 것은 아닌가 하는 생각이 든다. 특히 현재 한일관계가 매우 경색돼 있는 만큼 말 한마디 한마디에 아무리 신중을 기해도 지나치지 않다 하겠다. 이런 점에서 구체적으로 강 내정자의 답변을 살펴보자. 그는 강제징용 배상 문제와 관련해 한국 정부나 기업이 우선 배상금을 지급하고 추후 일본 기업에 배상금을 요구하는 방안을 이야기했다고 한다. 한국 정부가 그러한 방안을 적극 검토 중인가? 현재까지는 한국 정부가 징용 배상 문제에 대해 새로운 접근을 하기로 결정했다고 알려진 바 없다. 그의 발언이 외교부와 사전 협의한 것이라면 모르겠지만 그렇지 않다면 양국 정부가 문제를 풀어 나가는 데 있어 혼란을 가중시키지 않았을까 우려된다.

그리고 지난해 2월 문희상 국회의장이 위안부 문제에 있어 일왕 사과를 요구한 직후 강 내정자가 국내 라디오방송과의 인터뷰에서 '천황이 과거 위안부였던 사람들을 위문했으면 좋겠다는 취지였다'고 말한 것과 관련해 자신의 생각이 아니라 문 의장의 생각을 설명했을 뿐이라고 발을 빼는 모습을 보여 주었다. 더욱 실망스러운 것은 문희상 의장의 발언에 대해 '일본에서 천황의 존재, 그리고 역할에 대해 무지한 발언이었다'고 한 것이다. 문 의장은 강 내정자에 의해 졸지에 이웃나라의 사정에 대해 무지한 3부 요인이 돼 버렸다. 강 내정자의 발언은 일본 정부의 아그레망을 의식하고 한 발언이라는 느낌을 지울 수 없다. 일본 정부는 강 내정자의 발언에 대해 고맙다고 생각하기보다는 가벼운 사람이 대사로 오는구나 생각하지 않았을까?

강 내정자의 부적절한 언행은 현 정부의 대일 외교의 난맥상의 한 단면이다. 문재인 정부는 대법원의 징용 배상 판결의 이행 요구에 대해 일본이 응할 것이라고 예상하고 그간 그렇게 밀어붙인 것인가? 최근 일본에 대한 일련의 움직임은 진정으로 한일 양국 관계를 복원하고자 하는 것이라기보다는 도쿄 올림픽을 이용해 한반도 평화 프로세스의 극적인 장면, 즉 남북미일 정상회담 같은 정치적인 쇼를 만들려다 보니 일본의 협조가 필요해 꼬리를 내리는 것은 아닌지 묻고 싶다. 그렇다면 현 정부의 그간의 대일본 정책은 너무나도 근시안적이었다는 비난을 면하기 어렵다.

* 2020.12.6.《천지일보》

과거사 문제와 대일본 외교 유감

1636년 청나라가 쳐들어왔을 때 아무런 대비도 하고 있지 않았던 조선의 임금은 잠실 나루 근처 삼전도에서 청 태종에게 무릎을 꿇고 항복했다. 전쟁에 패배해 수많은 조선 여인들이 청나라로 끌려갔는데 그 중 돌아온 여인들을 환향녀라고 불렀다. 20세기에 이와 비슷한 일이 일본과의 사이에서 일어났는데 징용 배상 문제와 함께 현재 한일관계의 발목을 잡고 있다.

당시 조선사회가 환향녀 문제를 다룬 방식과 현재 일본군 위안부 문제에 대한 접근 방식 사이에 본질적으로 차이가 있을까? 조선 여인들이 끌려간 것은 나라를 제대로 지키지 못한 조선 남자들의 무력함의 결과이다. 당시 사대부들은 청나라에 대한 적대감을 표출할 뿐 치욕을 씻기 위해 국력을 키우는 노력은 소홀히 하면서 양반들의 환향녀와의 이혼을 두둔하며 그들을 외면했다. 우리 사법부는 2018년 강제징용 배상 판결에 이어 올해 1월 일본군 위안부 배상 판결을 내렸다. 위안부 문제는 1991년 김학순 할머니가 공개 증언을 하고 나서야 거론되기 시작했다. 그 이전에 우리 사회는 이들에 대해 얼마나 관심과 온정을 베풀었던가? 꽃다운 나이에 일본군 성노예로 끌려갔던 여인이 할머니가 돼서야 용기를 내어 자신의 비참한 과거를 털어놓기까지 우리 사회는 그들이 겪은 고초를 과연 몰랐을까? 해방 이후 한국 사회는 굴욕적인 과거에 대해 뼈를 깎는 반성을 하기 보다는 일본을 성토하기만 하지 않았던가? 국민에게 닥친 불행에 있어 1차적인 책임은 국가에게 물어야 한다. 환향녀 문제는 조선 조정이 책임을 졌어야 했다. 일본군 위안부 문제도 마찬가지이다.

한국인들은 강제 징용 및 일본군 위안부 문제에 대해 국제사회의 여론이 우리 편이라고 생각한다. 영국, 프랑스 등 과거 제국주의 국가들이 그들의 식민지배를 받은 아시아 아프리카 사람들의 고통에 대해 그간 충분히 사죄하고 배상했던가? 세계 도처에 과거사 문제가 있는데 무 자르듯이 해결되는 것이 어려운 것이 현실이다. 국제사회는 도덕 또는 정의보다는 불완전하지만 법적 해결을 추구하며 이 과정에는 나름대로의 규칙 또는 원칙이 있다. 우리 대법원의 징용 배상 판결에 대해 일본 정부는 이 사안은 역사 문제가 아니라 국가 간 약속을 지키는가의 문제이며, 1965년 한일 청구권 협정의 해석에 이견이 있으면 협정상 중재 절차를 따라야 한다고 주장하고 있다. 한일 양국 모두와 동맹관계인 미국은 어떤 생각인가? 트럼프 행정부의 국가안보보좌관이었던 볼턴은 회고록에서 '한국은 1965년 한일 조약을 휴지 조각으로 만들고 있다는 인식은 전혀 없이 그저 한국 대법원의 결정대로 행동해야 한다고 주장한다'고 했다. 또한 이번 위안부 배상 판결에 대해서는 한 나라가 다른 나라의 국내법정에서 피고가 되지 않는다는 국제관습법상 국가면제의 원칙 문제가 제기됐다. 박근혜 정부 때 대법원이 징용 배상 판결을 미루면서 외교부와 협의했다는 것이 소위 '사법 농단'의 한 부분인데 외교적으로 논란이 예상되는 사안에 대해서는 사법부가 소위 '사법자제'를 택하는 것이 일반적이다.

그런데 이번 위안부 배상 판결에 대해 문 대통령은 징용 배상 판결 때와는 180도 다른 반응을 보였다. 그간 한국 정부가 강하게 나갔으나 일본의 수출 규제는 해제되지 않았고, 미국에 대해 일본을 압박해달라고 꺼내든 지소미아 협정의 파기 카드도 먹혀들지 않았으며, 현재 도쿄 올림픽을 북미 및 남북관계의 돌파구를 찾는 계기로 활용하기 위해서는 일본의 협조가 필수적이어서 태도를 바꾼 것은 아닐까? 거기다가 한일 간에 불협화음을 원치 않는 바이든 행정부의 등장도 고려했을지 모른다.

한국인이라면 누군들 일본을 무릎 꿇리고 싶지 않겠는가? 피해자라고 해서 가해자에 대해 '한풀이'식으로 밀어붙이는 것은 국력이 뒷받침되지 않으면 오히려 득보다는 실이 많을 수 있다. 한일관계에 있어서 역사적인 정의(正義)를 법적 절차로서 세우고자 한다면 국제사회의 원칙과 관례에 유의해야 한다. 한국 측의 무리한 조치가 일본사람들이 그나마 한국에 대해 갖고 있던 도덕적 부채의식을 사라지게 하지는 않았을까 우려된다. 또한 현 정부는 출범 후 박근혜 정부의 2015년 한일 위안부 합의에 문제가 있다고 사실상 폐기 의사를 표명했는데 문재인 대통령은 신년 기자회견에서 이 합의를 공식 합의로 인정한다고 했다. 이처럼 일관성 없는 태도는 한국 정부의 대외적인 신뢰도에 심각한 영향을 미치고 있다. 집권세력의 정략적 고려와 정부의 외교 무능으로 한일관계가 꼬이고, 판이 우리나라에게 불리해졌는데 정부가 이를 인정하지 않고 있는 현실이 안타깝다. * 2021.1.31. 《천지일보》

위안부 문제가 보편적 인권 사안이라면…

유엔인권이사회는 전 세계 차원에서 인권을 신장하고 보호하는 임무를 맡고 있는 국제기구이다. 여성 및 소수 민족의 권리는 주요 감시 항목에 속한다. 지난 2월 22일에서 24일 사이 스위스 제네바에서 제46차 고위급회의가 개최되었는데 영국, 유럽연합, 미국, 캐나다 등은 신장 위구르 자치구, 티베트 자치구, 그리고 홍콩의 인권 상황과 관련하여 중국을 비난하였다. 한국 대표로 참여한 외교부 2차관은 주로 일본군 위안부 문제를 거론하고 북한 인권 상황에 대해서는 원론적인 언급만 하였다.

우리 측 대표는 성폭력 문제 해결이 시급한 사안 중 하나라고 하며 일본군 위안부 문제를 거론하고 이는 보편적 인권의 문제로서 재발 방지가 필요함을 강조하였다. 위안부 문제가 심각한 여성 인권 이슈이며 보편적 인권의 문제라는 데 이견이 없다. 그렇다면 바로 이웃 나라인 중국 내에서 소수 민족 특히 신장 위구르 여인들의 처참한 상황에 대해서는 왜 아무런 관심도 표명하지 않았을까? 서방 언론에 따르면 중국 당국은 독립을 요구하는 위구르족을 말살하기 위해 위구르인

1,100만 명 중 100만 명 이상을 집단수용소에 가두고 고문하고, 노동을 강제하고 공산당에 대한 세뇌교육을 시키고 있으며, 특히 위구르 여성들에게는 집단 성폭행, 강제 불임수술 등 끔찍한 인권유린 행위가 자행되고 있다 한다. 위구르 여성들의 상황은 보편적 인권의 문제가 아닌가? 위안부 문제는 70~80여년 전의 일이지만 위구르 여성의 참상은 현재진행형이고 인권유린의 정도도 훨씬 심각하다. 유엔인권이사회는 심각한 인권 문제를 모두 논의하는 공론의 장인데 우리의 아픔에 대해서만 국제사회가 공감해주길 기대하는 것인가? 아니면 문제의 심각성을 알고 있지만 중국의 눈치를 보기 때문인가?

또한 한국 대표는 북한 인권 상황에 대해서는 구체적인 언급 없이 실질적으로 인권 증진을 위해 노력하고 있다고만 하고 북한 측에 대해 시급한 과제로서 이산가족 문제의 해결을 촉구하였다. 언론 보도에 따르면 외교부는 미국이 3년 만에 유엔인권이사회에 복귀해 북한 인권결의안에 대한 지지를 촉구한 것과 관련해 "우리 정부의 입장은 최종적으로 결정된 바 없다"고 하였다. 그간 문재인 정부는 국제기구에서 북한 인권이 거론될 때마다 소극적인 대응으로 일관하여 왔는데 이번에도 이사회에서는 최소한으로 발언하고 그간의 기조를 유지하려는 것으로 보인다.

현대 국제사회에서 인권은 더 이상 국내문제가 아니다. 나라의 국격은 여러 기준에서 판단되는데 국제사회에서 인권 문제에 있어서는 대상 국가와 관계없이 상식에 맞는 태도를 견지하느냐도 그 기준의 하나일 것이다. 이 점에서 특히 북유럽 국가들은 높은 평가를 받고 그 결과 연성국력(soft power)을 함양하고 있다. 한국은 어떤가? 인권단체 휴먼라이츠워치는 문재인 정부의 북한 인권 문제 무시가 한국의 국제적 평판에 심각한 타격을 주고 있다고 하였다. 그간 우리 정부는 국가에 따라 다른 기준을 적용하면서 외교를 잘 하고 있다고 자기 위안하고 있는 것은 아닐까? 어떤 나라의 인권 문제를 모른 체하거나 감싸는 태도는 한국에게 장기적으로 보면 득보다 실이 클 것이다.

이번 유엔인권이사회 고위급 회의는 대면이 아닌 화상회의로 개최되었고 회원국 대표들의 기조연설은 사전 녹화된 것을 상영하는 방식으로 진행되었다. 주요 국가들은 모두 장관이 대표로 나섰으나 한국의 경우 외교부 장관은 취임한 지 얼마 되지 않아 업무 숙지가 안 되었다는 이유를 대고 2차관을 대신 참석시켰다. 문재인 정부의 외교안보실장으로 4년 가까이 일했고 직업외교관 출신인데 '업무 숙지가 안 되었다'는 이유는 설득력이 없다는 점을 지적하고 싶다.

* 2021.3.2. 《내외뉴스통신》

현 정부에서 한일관계는 이대로 끝날 것인가?

　문재인 대통령이 7월 19일 도쿄올림픽 개막식에 참석하지 않기로 최종 결정함으로써 올림픽 참석을 계기로 추진했던 한일정상회담 개최도 무산됐다. 일본은 올림픽이 끝나면 바로 선거체제로 들어가기 때문에 문 대통령 임기 말에 한일정상회담이 성사될 가능성은 작다. 문재인 정부가 2015년 한일 위안부 합의를 사실상 백지화하면서 시작된 한일 갈등은 이후 한국 법원의 2018년 징용 배상 판결 및 2020년 위안부 배상 판결로 더욱 커지고 확대됐다. 그 과정에서 일본의 대한국 수출 규제 및 주일 한국 대사 내정자에 대한 아그레망 늑장 부여, 한국의 지소미아(군사정보보호협정) 연장 거부 및 일본 상품 불매 운동 등이 있었다. 문재인 대통령은 현재와 같이 악화된 한일관계를 결국 개선하지 못하고 임기를 마칠 셈인가?

　이번 도쿄올림픽 계기 방일 추진과정에서도 드러났지만 현 정부는 한일관계의 회복에 열의를 갖고 있지 않아 보인다. 이웃의 올림픽이라는 큰 잔치에 가면서 '특별한 예우'와 국내용 '성과'를 위한 일본의 협조를 요구했을 뿐이고 일본이 기대하는 한일관계 파탄의 핵심 이슈인 징용공 및 위안부 문제에 대한 해결방안은 준비하지 않았다. 올림픽 개막식 참석이 일본에 대해 크게 호의라도 베푸는 것으로 생각한 것인가? 국제사회에서 바로 이웃 국가에서 올림픽이 열리면 정상이 참석하는 것이 일반적이다. 그러한 관례에 따라 2018년 평창 올림픽 개막식에 일본의 아베 총리가 참석했다. 문 대통령이 한일관계 회복에 대해 진정성이 있다면 사실 이번 올림픽이 아니라 다른 시기에 방일을 추진했어야 했다. 지난 6월 G7 정상회담 때는 약식 회동을 추진했다는데 다자 행사에서 잠시 만나는 경우 양국 간에 합의된 안을 최종적으로 확인하는 것이라면 몰라도 심각한 현안의 해결을 심도 있게 논하는 것은 기대하기 어렵다.

언론 보도에 따르면 이번 정상회담을 추진하면서 문재인 정부는 일본의 수출 규제 철회와 한미일 간 지소미아의 안정화를 주고받는 것을 제안했다고 한다. 일본으로서는 그러한 제안을 수락할 이유가 없었을 것이다. 왜냐하면 지소미아는 한미일 간 체제로서 지난번에 한국이 지소미아 파기로 일본을 압박했을 때 미국의 요청으로 마지막 순간 한국이 강경 입장을 내려놓아 한국의 유력한 카드가 될 수 없음이 드러났기 때문이다. 즉, 일본으로서는 한국이 지소미아를 원위치시키는 것에 대해 무언가를 반대급부로 제공할 이유가 없다고 판단했을 것이다. 한편 일본의 수출 규제와 관련하여 문재인 대통령은 7월 2일 대한민국 소재·부품·장비(소부장) 산업 성과 간담회에서 지난 2년을 돌아보며 소부장 분야의 자립에 대한 자신감을 보였는데 진정 자신감이 있다면 일본에 대해 수출 규제 철회를 요구하는 것이 논리적이지 않다. 현 정부는 이번 기회에 어떻게 해서든지 '합의'를 하나 건지려고 적당히 교환의 배합을 만든 것이라는 평가를 면하기 어려워 보인다.

한마디로 일본의 일관된 입장은 한국 정부가 징용 및 위안부 배상 판결과 관련해 대안을 제시해야 하며 그것이 없이는 정상회담에 응하지 않겠다는 것이다. 한국은 이제까지 이에 대해서는 구체적인 방안을 제시한 것이 없다. 한국 정부가 당사자들에게 지급하고 일본 측에 대해 구상권을 갖되 실제로는 행사하지 않는다는 방안이 비공식적으로 거론된 적이 있을 뿐이다. 이번에 현 정부는 이런 핵심 이슈에 대해서 일본이 관심을 보일 만한 대안은 제시하지 않고 무언가 '합의'를 끌어내 국내적으로 홍보하고 한일관계가 이렇게 된 데 대한 책임감을 덜어 보자는 계산이었을 것이다. 핵심 이슈에 대해 한국이 대안을 계속 제시하지 않아 일본이 정상회담 개최에 소극적인 상황에서 주한 일본대사관 직원의 부적절한 발언은 무조건 대일 강경을 기조로 하는 현 정부의 발목을 잡아 결국 정상회담 개최가 무산된 것으로 보인다.

현 정부가 지난 4년간 '반일 몰이' 정책 기조에 따라 한일관계를 다룬 결과는 무엇인가? 일본은 국제사회에 대해 한국은 '국제법을 지키지 않는 나라'라고 떠들고 있고, 국내 법원의 판결은 갈지자를 보이고 있고, 피해자 한국은 정상회담을 개최하자고 가해자 일본에 간청(?)하고 있다. 그리고 한일관계의 악화는 대미국 및 대중국 관계에서 한국의 입지를 약화시킨다. 그런데 우리가 얻은 것은 무엇인가? 문재인 정부의 임기가 끝날 때까지 한일관계가 이렇게 흘러갈 경우 지난 4년 문재인 정부의 대일본 정책 입안에 참여했던 고위공무원들은 어떤 변명을 할지 매우 궁금하다.

* 2021.8.8. 《천지일보》

IV. 중국에 휘둘리지 말자

덩샤오핑이 살아있다면 시진핑에게 뭐라고 할까?

　미중관계가 1979년 국교 정상화 이래 최악으로 치닫고 있다. 트럼프 행정부가 중국을 계속 밀어붙여 무역 전쟁이 벌어지는 가운데 중국의 홍콩 보안법 강행에 대해 미국은 홍콩에 대한 특수지위 부여를 철회했다. 미국은 또한 중국의 주휴스톤 총영사관을 스파이 활동의 거점이라면서 폐쇄시켰으며, 이에 대해 중국은 청두 주재 미국 총영사관을 철수시켰다. 물론 남중국해에서의 양국의 군사적 힘겨루기는 지속되고 있으며, 폼페이오 국무장관은 중국 공산당 정권 교체까지 거론했다. 현 상황은 한마디로 말해서 떠오르는 강대국과 패권국 사이의 갈등이다. 일부에서는 미국과 중국 간 신(新)냉전의 시작이라고 하지만 엄밀히 말해 현재 중국은 과거 소련과 달리 사실상 '무늬만 사회주의 국가'로서 미국과 이념적 경쟁을 하는 것이 아니다. 현재의 중국은 1당 집권 정당의 이름이 공산당일 뿐이다.

　역사적으로 보면 미국은 패권을 차지한 20세기 초 이래 미국 GDP의 40%를 넘는 경제 대국이 등장할 경우 무역, 금융, 자원 등을 무기로 상대를 무력화시켰다. 첫 대상은 냉전 시절 소련이었고, 두 번째는

1980년대 일본, 현재 갈등이 벌어지고 있는 중국은 세 번째이다. 미국은 소련에 대해 대규모 군비경쟁을 일으켜 엄청난 지출을 강요하는 동시에 중동의 질서를 비틀어 소련의 돈줄이었던 석유의 가격 하락을 유도했다. 일본은 1985년 플라자 합의로써 엔화가치를 급상승시켰는데 일본은 이후 30년 장기불황에 빠지게 됐다.

2019년 IMF 통계에 따르면 명목 GDP가 미국이 21조 4,395억 달러이고 중국이 14조 1,402억 달러이지만 구매력 평가 기준 GDP는 미국이 20조 2,900억 달러이고 중국이 27조 8,050억 달러이다. 중국이 경제 규모에서는 미국을 거의 따라잡았다고 볼 수 있으며 수치로 보면 미국이 뒤늦게 중국을 손보기 시작했다고 할 수 있다. 현재 상황은 미국은 초조함이 깔린 자신감을 보이고 있고, 중국은 당황하고 있지만 버틸 데까지 버텨보겠다는 결의를 다지고 있는 것으로 관찰된다.

1978년 개혁·개방이 시작된 이래 중국의 대외정책 기조는 덩샤오핑의 도광양회(韜光養晦), 장쩌민의 유소작위(有所作爲), 후진타오의 화평굴기(和平崛起), 시진핑의 대국굴기(大國崛起)로 이어져 왔다. 도광양회는 '빛을 감추고 어둠 속에서 은밀히 힘을 기른다'는 뜻인데 실제로 중국은 경제 발전을 우선시하면서 서방을 자극하지 않는 행보를 보였다. 중국이 1984년 홍콩 반환협정을 체결하면서 일국양제(一國兩制)를 허용한 것은 그러한 맥락이었다. 그런데 경제성장과 발전이 지속됨에 따라 중국 지도자들은 덩샤오핑의 유훈의 굴레를 벗어나기 시작했으며 시진핑에 이르러서는 일대일로(一帶一路)로 대표되는 패권 추구 정책을 노골화했다. 미국의 경계심을 불러일으킨 것이다.

냉전 시절 소련과는 달리 미국과 중국이 경제적으로 상호의존적으로 연계돼 있다는 점과 중국의 잠재력을 고려한다면 길게 보면 시간은 중국 편일 수도 있는데 왜 중국은 불필요하게 남중국해에서 세를 과시해 이웃과 척을 지고 '황금 알을 낳는 닭'인 홍콩을 함부로 다루고 미국이 포기하지 않는 한 대만을 수복(?)할 수 없다는 것을 알면서 무리수를 두는 것일까? 또한 왜 인도와 무력충돌을 불사하는 것일까? 지리적으로 중국은 무려 14개 나라와 접하고 있는데 그 중 파키스탄과 북한을 제외한 나머지 국가들과는 관계가 원만하지 않다. 러시아의 경우 한국에서는 외교적 수사만 보고 양국관계가 동맹에 준하는 관계인 것으로 이해하고 있으나 양국 관계는 한마디로 동상이몽(同床異夢)이라고 할 수 있다. 현재 미국이 중국을 심하게 몰아붙이는 상황에서 국제사회에서 중국 편을 드는 나라는 거의 없다. 티베트 및 신장위구르 자치구에 대한 정책은 중국 내부적으로도 긴장을 유발시키고 있다.

아무래도 중국은 너무 일찍 머리를 들었으며, 그래서 '중국몽'의 실현 여부가 불투명해 보인다. 시진핑이 도광양회, 임기주석제, 일국양제 같은 덩샤오핑이 만들어 놓은 초석을 대안도 없이 무너뜨린 가운데 미국이 모든 수단을 동원해 중국을 주저앉히려는 현 상황을 본다면 덩샤오핑은 전염병과 자연재해까지 발생, 내우외환에 빠진 시진핑에게 뭐라고 할지 궁금하다.

* 2020.8.9.《천지일보》

양제츠 방한과 한중관계

지난 22일 부산에서 서훈 국가안보실장이 양제츠 중국 공산당 중앙정치국 위원과 회담했는데 회담 내용에 대해 상세하게 알려진 바가 없다. 회담 후 양측의 발표와 중국 언론 보도로써 회담 내용을 미루어 짐작해 보고 한중관계의 현주소를 살펴보고자 한다.

우선 시진핑 주석의 방한에 대해 청와대 브리핑에 따르면 '양측은 코로나19 상황이 안정돼 여건이 갖춰지는 대로 시진핑 주석의 방한을 조기에 성사시키기로 합의했'고 한다.

이에 반해 중국 외교부 발표에는 양제츠는 '중국은 양국 간 고위급 교류를 증대시키기 위해 한국과 함께 노력할 준비가 돼 있다(Yang expressed China's readiness to work with the ROK to increase bilateral high-level exchanges)'라고 했고, 이에 대해 서 실장은 '한국은 중국과의 보다 긴밀한 고위급 교류를 기대하고 있다(The ROK side looks forward to closer high-level exchanges with China)'라고 한 것으로 돼 있다. 시진핑 방한 시기에 대한 합의 이야기는 없으며 서 실장이 방한을 강하게 요청한 데 대해 양제츠는 원론적인 답변을 한 것으로 보인다. 12월 한국에서 열리는 한중일 정상회의에 관례에 따라 리커창이 참석 예정이므로 시진핑의 연내 방한은 기대하기 어려울 것이다. 설사 우리 측의 발표대로 '합의'가 있었다하더라도 코로나 사태가 언제 끝날지 몰라 대략적인 방한 시기를 잡기도 어려운데 그런 합의를 과연 '합의'라고 할 수 있을까?

왜 이 시점에 양제츠가 한국에 온 것인지에 대해 양국 정부의 발표 내용만으로는 파악하기 어렵지만 중국 인민일보의 자매지인 환구시보의 영문판(글로벌타임즈) 보도를 보면 어느 정도 짐작이 간다. 글로벌타임즈의 기사에는 '펜데믹 가운데 중한관계는 다른 나라들에 대해 모델로 작용할 수 있다' '중국은 중국과 관련된 이슈에 대한 한국의 객관적 입장을 평가한다' '한국은 미국의 압력에도 불구하고 홍콩, 신장 및 코로나의 기원에 대해 객관적이고 중국과의 우호를 지키는 쪽을 선택했다' 등 내용이 들어있다. 보도 내용이 사실이라면 현 정부의 초기에 사드 배치를 둘러싸고 한중 간 갈등이 발생했을 때 중국 측에 3불 원칙을 천명한 것을 생각나게 하는 대중 저자세라 하겠다.

일각에서는 중국의 '구애전략'을 잘 활용해야 한다고 주장하나 19세기 말 조선의 내정에 간섭하고 외교를 좌지우지했던 청나라에 대한 기억이 새롭게 떠오른다.

현 정부의 대 중국 정책의 기저에는 한국경제의 사활이 중국에 달려 있다는 의견과 경색된 남북관계의 돌파구를 열기 위해 중국의 도움이 절실하다는 상황인식이 깔려 있는 것으로 보인다.

우선 중국 시장에 대한 한국 수출의 의존도가 매우 높은 것이 현실이나 단순히 중국이 이웃에 있는 큰 시장이기 때문에 그렇게 된 것이 아니고 우리가 대중 무역 흑자라는 단물에 취해 자초한 것은 아닐까?

더 이상 중국을 세계의 공장으로 놔두지 않겠다는 미국의 전략을 활용해 시간이 걸리더라도 우리의 수출과 해외투자 대상지역을 다변화해 중국의 비중을 낮춰 나가면 되는 것 아닐까?

그리고 북한에 대한 중국의 영향력을 과대평가하고 중국이 북한의 정책에 영향을 주기를 막연히 기대하고 있는 것은 아닐까? 북미 정상회담이 2차례 열리는 동안 시진핑은 김정은을 세 차례나 초청했고 자신이 평양에 가기도 했는데, 이는 중국이 영향력을 행사하려 했다기보다는 중국이 배제된 채 북한이 미국과 '깜짝 딜' 하는 것을 두려워한 결과는 아닐까?

노무현 정부 시절 6자 회담이 진행되던 때 모스크바에 들른 청와대 당국자에게 필자는 우리 정부가 자주 중국에 대해 사의를 표한다고 하는데 립 서비스인지 아니면 진정으로 그렇게 생각하는 것인지 물었는데 그 당국자가 대답 없이 멋쩍게 웃기만 한 것이 생각난다. 한반도의 평화와 안정은 중국에게도 긴요한 것이다. 만일 남북한 사이에 전쟁이 재발한다면 한국은 물론 중국의 경제발전에도 치명적일 것이기 때문이다.

* 2020.8.30. 《천지일보》

'중화민족'의 단결은 가능할까?

중국에서 '중화민족'이란 단어 혹은 개념은 고대와 중세에는 없었고 20세기에 들어와 쑨원 등이 사용했다. 쑨원은 한족이 만주족의 지배에서 벗어날 것을 주장하면서 '중화민족'을 내걸었다. 그런데 1980년 후반부터 중국 정부는 '중화민족'을 새롭게 개념화해 이론화했다. 즉, '중화민족'은 한족을 중심으로 하고 55개 소수민족이 모두 포함되는 공동체로 제시됐다. 역사적, 문화적 공동체로서의 '중화민족'은 과거에 존재한 적이 없으며 현재에도 실체가 불분명하다. 이는 중국 정부가 정치적 목적을 갖고 만들어낸 허구적 개념이라 할 수 있다.

1921년 창당된 중국 공산당은 1931년 여러 소수민족들에게 독립국가 건설 또는 중국 연방제 참여 등을 제시하며 완전한 민족자결권을 인정하는 선언을 했다. 이는 레닌이 러시아 혁명의 성공 직후 러시아내 소수민족들에 대해 민족자결을 부여하는 '러시아 제민족의 권리선언'을 발표한 것을 그대로 따라 한 것이라 하겠다. 이런 노선은 장제스의 국민당 정부와 대립과정에서 소수민족의 반한족(反漢族) 및 반국민당(反國民黨) 정서를 최대한 이용해 소수민족들이 국민당을 반대하고 공산당을 지지하도록 유도하는 시도였다. 이러한 정책은 마오쩌둥이 중국 공산당 내에서 최고권력자의 위치에 오른 1936년 이후 폐기됐다.

1949년 정권을 장악한 중국 공산당은 한동안 소수민족 거주 지역에 대해 각종 특혜를 제공하고 우대조치를 취했다. 예를 들어 인구정책에 있어 한족에 대하여는 '1가구 1자녀' 원칙을 적용했지만 소수민족에 대해서는 2자녀 출산을 허용했다. 이러한 소수민족 정책은 소수민족 지역의 경제발전과 생활수준 향상을 달성하고 그럼으로써 한족에의 정치경제적 통합을 꾀하는 것이었다. 물론 이러한 정책은 강력한 정치적 통제 아래 시행됐다.

그러면 중국 정부의 이러한 정책이 소수민족들의 호응을 얻어 성공했을까? 1980년대 후반부터 신장 지역 위구르족의 분리 독립 추진 움직임과 티베트 승려들의 분신(焚身) 저항은 끊이질 않고 있다. 이에 대해 중국 정부는 강압적인 동화정책으로 대응하고 있다. 위구르족과 티베트인들의 언어와 종교를 비롯한 문화 말살을 기도하고 있는데 외신에 따르면 신장 지역에는 100만 명이 넘는 위구르인들이 수용소에 갇혀 있다고 한다. 그리고 이들 지역이 괄목할 만한 경제발전을 이룩했다는 것도 이 지역에 엄청난 규모의 한족을 이주시킨 결과인 것으로 밝혀졌다. 결과적으로 이 지역의 소수민족들은 조상 대대로 살아온 자기 땅에서 이방인(異邦人)이 돼 버렸다. 중국 정부의 이러한 강압적인 정책은 동북지역으로 확대되고 있다. 언론 보도에 따르면 최근 내몽골 자치구의 몽골족 학교에서 몽골어로 된 교재의 사용이 금지됐다고 하며, 만주지역 조선족 학교들에 대해서도 동일한 조치가 취해졌다고 한다. 언어는 민족 정체성 유지에 있어 최후의 보루인데 중국 공산당은 이를 짓밟으며 '중화민족론'을 강요하고 있는 것이다. 이러한 탄압은 중국과 마찬가지로 다민족국가인 미국이나 캐나다는 물론 러시아에서도 찾아볼 수 없는 것이다.

오늘날 국제사회에서는 중앙정부가 소수 민족의 문화를 말살하는 행위는 인권 탄압에 해당되며, 이에 따라 더 이상 외부세계가 간섭해서는 안 되는 국내문제가 결코 아니다. 그런데 한국 정부는 중국의 국내문제로 치부하고 이를 못 본체 하고 있다. 이민족의 지배를 겪은 한국인들이 일제 강점기 일본의 탄압에 대해서는 지금도 격분을 표출하는 반면에 중국 내부 소수민족의 고통에 대해서는 무슨 이유인지 모르겠으나 눈과 귀를 닫는 태도를 보이고 있다. 몽골공화국 정부는 내몽골 자치구의 상황과 관련해 내몽골 몽골족의 항거에 지지를 표했다고 한다. 그렇게 핏줄을 중시하는 한국인들이 만주 지역 조선족 학교의 현실에 대해 왜 그렇게 미지근한 태도를 취하는 것일까? 매우 실망스럽고 부끄러운 이중기준이 아닐 수 없다.

소수민족 문제는 다민족 국가인 중국의 아킬레스 건(腱)이다. 현재 중국 내 소수 민족들의 자치지역은 역사적으로 한족이 지배했던 지역이 아니라 청 왕조에 와서야 중국 영역이 됐으며 청나라가 무너지면서 한족이 거저 얻은 땅이다. 면적으로 보면 중국 전체 영토의 60%에 달하며 지하자원이 풍부하다. 특히 신장 및 티벳 지역은 안보와 경제 측면에서 중국 정부가 포기할 수 없는 지역일 것이다. 중국 정부가 진정 국가적 통일을 유지하고자 한다면 강압적인 동화정책이 아니라 소수민족들의 문화와 권익을 존중하는 정책을 펴야 할 것이다.

* 2020.9.20.《천지일보》

왕이가 김정은 팔을 툭툭 치면 북한은 어떻게 반응할까?

중국 왕이 외교부장이 지난달 25~27일 서울을 다녀갔다. 그가 체류하는 동안 보여준 거만함과 외교적 결례도 문제지만, 중국 정부 내 서열이 20위권에 불과한 외교부장의 방한에 우리 당·정·청 핵심 인사들이 총출동하였는데 마치 조선 시대에 명나라의 칙사라도 온 것 같았다. 문재인 대통령이 청와대 접견실에서 민망한 자세로 왕이 외교부장에게 자리를 안내하는 장면을 보고 눈이 휘둥그레지지 않을 수 없었다. 현 정부의 대중국 저자세는 문 정부가 자초한 외교적 고립에서 이유를 찾을 수 있다. 정부 인사들은 그간 미국에 대해 할 말과 못할 말 가리지 않고 쏟아내 왔고, 일본에 대해서는 마치 대일 항쟁기라도 되는 양 '죽창가'를 외치며 노골적으로 반일을 선동했다. 그러다 보니 상대적으로 현 정부와 관계가 덜 껄끄러운 주요국은 중국뿐이다. 그래서 더욱 중국 호감을 사야 할 필요를 느끼고 있는 것으로 보인다.

또 다른 요인으로는 현 집권 세력의 삐뚤어진 역사관이다. 현 정부 인사들은 기본적으로 6.25 전쟁의 성격에 대해 소위 '항미원조'의 정의로운 전쟁이었다는 최근 시진핑 발언에 동조하고 있는 것으로 보인다. 6.25 전쟁은 미국의 침략 전쟁이고 한국이 이에 가담하였다는 말인가? 말로는 굳건한 한미동맹을 부르짖지만 기본적으로 주한 미군을 한민족이 새로운 미래로 나아가는 데 걸림돌로 보는 것은 아닌가 의구심이 든다.

다음으로 정책적 고려 요인이다. 현 정부는 한반도 평화 프로세스를 진전시키는 데 중국의 북한에 대한 영향력 또는 건설적 역할이 긴요하다고 보고 있다. 하지만 한반도 평화와 안정은 우리만의 목표가 아니며 중국의 지속적인 경제 발전에도 필수적인 조건이다. 북미 정상회담 이후 김정은 위원장의 3회 중국 방문과 시진핑의 평양 방문은 중국이 얼마나 초조하고 조바심을 갖고 있나 보여줬다. 중국은 혹시라도 김정은 위원장이 트럼프 대통령과 깜짝 딜을 통해 중국이 아니라 미국 쪽으로 기울지는 않을까 우려했다고 해석된다.

이러한 친중 태도는 현 집권 세력이 내걸고 있는 민족주의와 자주의 관점에서 모순됐다. 민족주의와 자주를 구현한다면 모든 외세에 대해 같은 잣대를 적용해야 하는 것 아닌가? 왜 중국에 대해서는 우리 주장을 이야기하지 않고 할 말을 못 하는가? 현 정부가 고대하고 있는 시진핑의 방한은 2017년 문 대통령의 방중에 대한 답방이다. 현대 국제사회에서 정상 간 답방은 당연하고 자연스러운 것인데 왜 현 정부는 국민에게 대단한 외교 목표인 양 설명하는가?

중국 외교부장이 한국에 오면 한국 외교부 장관과 회담을 갖고 대통령을 예방하는 정도면 족한 것이다. 그런데 왕이 부장을 만나기 위해 당·정·청 핵심 인사들이 총출동하였고, 특히 자가 격리 중인 이낙연 민주당 대표는 친전과 꽃바구니를 보냈는데 중용의 '유천하지성위능화(唯天下至誠爲能化·오직 지극히 정성을 다해야 변화를 만든다)'는 구절을 인용하며 "코로나 와중에 방한하고, 정성을 다하는 모습에 큰 감동을 받는다"고 했다고 한다. 이낙연 대표는 대권 후보 중 한 사람이다. 벌써 중국의 '책봉(?)'을 염려하는 것일까?

중국이 우리에게 매우 중요한 이웃이라 하더라도 정부 고위 인사들은 국민 자존심도 생각했어야 했다. 북한 김정은 위원장이 중국 외교부장을 접견하면서 문 대통령처럼 민망한 자세로 안내한 적이 있을까? 감히 지도자 동지 팔을 툭툭 치도록 놓아두었을까? 미국·러시아·일본 정부는 중국을 대하는 한국 행태를 보고 앞으로는 '중국처럼 한국을 거칠게 다루어야 저런 대접을 받는구나'라고 생각할지 모르겠다. 한국 외교가 길을 잃고 헤매는 가운데 허황한 기대에 빠져 중국에 자발적인 과잉 서비스를 제공하면서 얻는 것도 없음은 물론, 중국에 휘둘리기까지 하는 상황을 보면서 조선조 말에 이 땅에 감국대신으로 와서 조선 국정을 휘둘렀던 위안스카이가 지하에서 미소를 지을 것이다.

* 2020.12.2.《조선일보》

시진핑의 방한이 외교 목표인가?

　시 주석의 답방을 '성취' 해야 하는 외교 목표로 생각하고 국민들에 제시하는 한국 정부를 보고 중국의 정책결정자들은 어떤 생각을 할까? 당연히 한국을 쉽게 생각할 것이다.

　한반도 평화 프로세스와 관련하여 북미 대화가 재개되도록 하기 위해 중국 측의 협조를 구하고자 하는 것은 북한에 대한 중국의 영향력을 과대평가한 결과이다.

　요즘 문재인 정부의 최대 외교 어젠다는 시진핑 주석의 방한이 아닌가 하는 느낌이 든다. 문재인 대통령이 2017년 12월 중국을 국빈 방문한 바 있으나 아직 시진핑 주석이 답방하지 않은 가운데 우리 정부는 이 문제에 지나칠 정도로 매달리고 있다. 문재인 대통령은 지난해 신년사에서 '올해 시 주석의 방한이 예정되어 있다'라고 하였으며, 또한 8월 양제츠 정치국 위원, 11월 왕이 외교부장 등 중국 고위인사의 방한 후 발표를 보면 중국 측은 시 주석의 방한에 대해 거의 언급하고 있지 않은데 반해 우리 측 발표에는 매번 주요 사항으로 포함되었다. 금년 1월 26일 한중 정상간 통화 후 청와대 발표도 그러하였다.

현대 국제관계에서 정상 간 상호 방문은 자연스럽고 당연한 것이다. 양국 관계가 긴밀한 경우라면 더욱 그러하다. 시진핑의 답방이 외교 관례상 전혀 특별한 일이 아님에도 불구하고 우리 정부는 왜 시진핑의 방한과 관련하여 중국 측에 매달리는 듯한 모습을 보이는 것일까? 한중 정상 간 소통 또는 대화 기회가 방문 외에는 없어서일까? 그간 양국 정상은 접촉 기회를 적지 않게 가졌다. 2018년 두 차례 전화통화와 APEC 계기 정상회담, 2019년 G20 및 한중일 3국 정상회의 계기 두 차례 정상회담, 2020년에는 코로나 상황에서 2월과 5월 전화통화를 하였다. 대면이든 비대면이든 정상 간 접촉에서는 덕담이나 주고받는 것은 아니다. 경우에 따라 논의의 심도에 차이가 있을지 몰라도 양국 간 현안에 대해 의견교환을 하는 것이 상례이다. 앞서 살펴본 여러 기회에 문 대통령은 시 주석에게 거론하고 싶은 것을 거론할 수 있었고, 그랬을 것이라 믿는다. 결론적으로 현대외교에 있어 정상 간 논의 또는 협의는 언제든지 가능하고 다양한 방법이 있는 것이다.

문재인 정부에서 시진핑 주석의 방한에 대해 이러한 태도를 보이다 보니 일부 국내 매체는 시진핑 주석의 방한에 대해 '한중 외교의 결정적 순간'이라는 표현을 사용하기까지 하였다. 한중 외교의 결정적 순간이라고 한다면 1992년 양국 간 수교 정도가 해당될 것이다. 시 주석의 답방을 '성취'해야 하는 외교 목표로 생각하고 국민들에 제시하는 한국 정부를 보고 중국의 정책결정자들은 어떤 생각을 할까? 당연히 한국을 쉽게 생각할 것이다. 이는 인간 심리의 차원에서 누구나 이해할 수 있는 것이다. 한중 양측은 시 주석의 답방이 지연되고 있는 이유로 코로나 상황을 들고 있는데 사실 문재인 대통령의 방중 이후 코로나 사태 발생까지 2년 정도의 시간이 있었는데 시 주석은 답방하지 않았다. 한국 측이 답방에 올인하는 것을 보고 중국 측이 여유를 부린 결과가 아닐까 하는 생각도 든다. 한국은 현재 대사관, 총영사관(출장소 포함 9개), 그리고 무역관(22개)까지 세계 최대의 대중국 외교인프라를 갖고 있는데 외교관의 가장 중요한 역할과 기능은 주재국의 속내를 파악하는 것이다. 우리 외교관들이 그러한 역할을 다했으면 한다.

문재인 정부는 국민들에게 시진핑의 방한을 통해 사드 보복 조치의 해제를 요청하고, 한반도 평화 프로세스에 대한 중국의 협조를 구하고 이를 외교적 성과로 내세우려 하는 것 같다. 사드 배치는 북한의 미사일 공격으로부터 한국을 방어하기 위한 것으로서 한국의 자위권 행사일 뿐이다. 미국이 사드가 아니면 중국의 전략전술무기에 대한 정보를 파악하지 못할까? 문재인 정부는 중국의 반발에 대해 반박하기보다는 소위 3불 정책을 선언함으로써 외교안보 주권을 포기했다는 비난을 받을 정도로 중국에 대해 유화적인 태도를 취하였는데 이러한 태도는 상대방으로 하여금 더 많을 것을 요구하게 만든다는 것이 역사의 교훈이다. 그리고 한반도 평화 프로세스와 관련하여 북미 대화가 재개되도록 하기 위해 중국 측의 협조를 구하고자 하는 것은 북한에 대한 중국의 영향력을 과대평가한 결과이다. 시 주석은 2차례 트럼프-김정은 회담을 전후하여 김정은을 세 차례나 초청했고 자신이 평양에 가기도 했는데, 이는 중국이 배제된 채 혹시라도 북한이 미국과 '깜짝 딜'을 하지나 않을까 우려를 갖고 대응한 것으로 보인다. 현 정부는 국내정치적 고려 또는 단기간 내 해결이 불가능한 북한 핵 문제가 잘 하면 국민들에게 해결의 길에 들어선 것처럼 보이지 않을까 하는 막연한 기대에서 대중 외교를 펼치는 것 같다.

끝으로 국내의 중국에 대한 정서를 이야기하고 싶다. 과연 얼마나 되는 한국인들이 시 주석의 방한에 관심을 갖거나 고대하고 있을까? 냉정하게 말해서 중국의 사드 보복 조치로 타격을 입은 국내 업계 말고는 아무도 관심이 없을 것이다. 오히려 중국 당국의 코로나 책임 회피와 K-culture가 국제사회의 주목을 끄는 현상에 대해 시기하는 중국인들의 터무니없는 행태 때문에 최근 들어 국내적으로 반중 정서가 커지고 있다.

* 2021.2.18.《미디어시시비비》

내년 베이징 동계 올림픽은 개최될 수 있을까?

　　최근 중국 정부의 신장 위구르족에 대한 인권유린 행위들이 알려지면서 국제사회의 비난이 고조되고 있다. 바이든 대통령은 16일 위구르족에 대한 인권 탄압과 관련해 중국이 대가를 치르게 될 것이라고 공언했으며 이 문제는 바이든 행정부의 대중국 압박에 있어 또 하나의 카드가 될 수도 있다. 그리고 국제사회 일각에서는 2022년 베이징 동계 올림픽을 취소하거나 보이콧해야 한다는 목소리가 나오고 있다.

　　현재까지 알려진 바에 따르면 중국 당국은 신장 지역 위구르족에 대해 고문, 강제불임시술, 공산당에 관한 세뇌교육, 강제노동, 생체실험, 집단 강간 등 인권유린 행위뿐만 아니라 이슬람사원 파괴 및 성직자 구속, 위구르어 사용 억압, 이슬람 복장 금지, 이슬람 관련 신생아 이름 금지, 위구르 여성의 한족과의 결혼 장려 등 민족말살을 자행하고 있다. 뉴욕타임스가 2020년 11월 보도한 바에 따르면 위구르족의 강제 수용과 재교육 프로그램은 2014년 이 곳을 방문한 시진핑이 '추호도 자비를 베풀지 말고 대응하라'고 지침을 내린 뒤 시행됐다고 한다.

이미 수년 전부터 국제사회는 위구르족의 인권상황에 주목해 왔다. 2018년 8월 국제인권단체들의 고발에 따라 유엔인권위원회는 위구르인 1,100만 명 중 100만 명 이상이 수용소에 갇혀 있으며 중국 당국으로부터 '갱생 교육'을 받고 있다는 의혹을 제기했다. 2019년 위구르족 정책에 관한 중국 정부의 내부문서가 폭로된 이래 국제인권단체들이 베이징 올림픽을 보이콧할 것을 촉구하고 있다. 또한 올해 2월 초에는 집단수용소에 수감됐다가 풀려난 위구르족 여성들이 영국 공영방송 BBC를 통해 수용소 안에서 자행된 집단 성폭행, 강제 불임수술, 고문 등을 적나라하게 폭로함으로써 국제사회에 큰 파문이 일고 있다.

그런데 중국에서 개최되는 올림픽 행사에 대한 보이콧 움직임은 이번이 처음은 아니다. 2008년에 티베트 민족에 대한 억압이 이슈가 돼 베이징 하계 올림픽을 보이콧하자는 움직임이 있었는데 그때는 국제사회에서 폭넓은 지지를 받지는 못했다. 하지만 이번에는 분위기가 다르다. 최근 미중관계는 2008년 당시 부시 행정부 시절과는 크게 다르다. 지난해 6월 트럼프 대통령은 신장 자치구 내 소수민족 탄압에 책임이 있는 중국 당국자들을 제재할 수 있도록 하는 내용의 '2020년 위구르 인권정책법'에 서명했으며, 12월에는 미국 의회가 신장 자치구 생산 제품(태양광 원재료인 폴리실리콘, 면화 및 면제품 등)의 수입을 금지하는 '위구르 강제노동 방지법'을 의결했다. 바이든 대통령은 취임 후 시진핑과의 첫 전화통화에서 신장 위구르 인권 상황을 거론할 정도로 이 이슈를 심각하게 보고 있기 때문에 어떤 방식으로든 중국으로 하여금 대가를 치르게 할 것으로 보인다. 미국 입장에서 볼 때 동계 올림픽 불참카드는 별로 비용을 치르지 않고도 중국에 상당한 타격을 줄 수 있을 것이다. 동계 스포츠 종목은 소위 '백인들의 운동'인 바 북미와 유럽 국가들이 불참하게 되면 베이징 동계올림픽은 '초라한 2부 리그'로 전락할 것이다. 역사적으로 올림픽 보이콧 사례는 두 번 있었다. 소련의 1979년 아프가니스탄 침공에 항의해 미국을 비롯한 자유진영이 1980년 모스크바 올림픽에 불참했고, 소련을 위시한 사회주의 진영은 보복조치로서 다음 대회인 1984년 로스앤젤레스 올림픽을 보이콧했다. 이미 캐나다, 영국, 유럽연합 등에서 보이콧이 거론되고 있다.

한편 한국 정부는 중국 내 소수민족들의 인권 상황에 대해 어떤 입장을 취하고 있나? 중국 언론 보도에 따르면 2019년 12월 베이징에서 열린 한중일 정상회의 계기 한중 정상회담에서 문재인 대통령은 아베 수상과는 달리 "홍콩과 위구르는 중국의 내정 문제이다"라고 했다고 한다. 중국 언론의 보도에 대해 청와대는 홍콩, 신장 문제에 대해 시진핑 주석이 중국의 내정문제라고 설명했고 이에 대해 문 대통령은 시 주석의 설명을 잘 들었다는 취지의 코멘트를 했을 뿐이라고 해명했다. 우리 정부는 이제까지 유엔인권위원회에서 중국 인권 결의안에 대해 기권한 것으로 알려져 있는데 현대 국제사회에서 인권은 더이상 국내문제가 아니다. 한국은 위안부, 징용공 등 일본이 저지른 행동에 대해 반인도적 범죄라고 규탄해 왔는데 보편적 가치인 인도주의와 인권을 주장하려면 모든 국가에 대해 같은 기준을 적용해야 할 것이다. 중국 내 신장 위구르족의 처참한 상황을 외면한다면 과거 일본의 잘못에 대해 국제사회의 공감을 얻기가 어려워지지는 않을까 우려된다.

* 2021.2.21.《천지일보》

중국 자신이 제국주의인데…

중화인민공화국은 어떤 나라인가? 중국은 기본적으로 한족(漢族)의 나라인데 한족은 17세기 중엽 한족의 나라인 명(明)이 멸망하고 중국을 차지한 만주족 청(淸)의 지배를 200년 넘게 받다가 청나라가 열강의 제국주의 침탈로 무너지면서 중국의 주인 자리를 회복했다. 이후 내전과 일본의 침략으로 상당기간 혼란을 겪었는데 2차 대전에서 일본이 패배하고 공산당이 내전의 최후의 승자가 돼 오늘의 중화인민공화국이 됐다. 그런데 이 과정에 반드시 짚고 넘어 가야 할 점이 있다. 한족과 마찬가지로 만주족의 지배를 받았던 몽골, 위구르, 티베트 등도 역시 독립을 추구했다는 점이다. 이들에 대해 1931년 공산당은 국민당과의 대결에서 열세를 만회하려는 목적으로 일본의 침략에 맞서기 위해 단결하자고 회유하면서 미래에 독립을 허용하겠다고 선언했으나 현재 청나라를 대신해 그들을 지배하고 있다. 현재 중국은 역사 왜곡 작업을 통해서 몽골, 위구르, 티베트 등이 원래부터 한족의 지배를 받았다고 주장하고 있는데 이는 역사적 사실에 반한다.

몽골족의 경우 소위 외몽골이라 불렸던 북부 지역은 일찌감치

1924년 소련의 도움을 받아 몽골인민공화국으로 독립했고 남부지역인 내몽골은 계속 중국의 일부로 남아 있다. 한편 신장 지역 위구르족은 청나라가 무너지고 중국 국민당 군벌의 지배를 받다가 1930년대 이래 2차례 동(東)투르키스탄 공화국을 수립하기도 했으나 1949년 중국 공산당이 중국을 통일하면서 다시 중국의 일부가 됐다. 중국 공산당 정부는 위구르인들의 분리 독립 움직임이 지속되자 민족 말살 정책을 펴고 있다. 그리고 티베트는 청나라가 멸망한 이후 사실상 독립을 누려왔으나 1950년 10월 중공군의 침공을 받고 1951년 중화인민공화국에 병합됐다. 1959년 중국 공산당의 폭압 통치에 항거해 반중 봉기가 일어나자 재차 중공군이 침공했고 이 과정에서 달라이 라마는 인도로 피신해 망명정부를 수립했다. 1989년 티베트인들의 대규모 저항이 발생했는데 중국 공산당에 의해 무자비하게 진압됐다. 티베트의 라마교 승려들은 중국 공산당의 폭정에 분신으로써 저항하고 있다.

중국 공산당의 이민족 통치에 대한 논리는 간단하다. 중국 공산당의 통치를 받기 전에는 전근대적인 사회체제 아래에서 수탈과 착취가 횡행했고, 신분제가 지속되고 있었으며, 인구의 대다수는 빈농 상태를 면하지 못했는데 중국 공산당의 통치 아래 근대화되고 생활수준이 향상되지 않았느냐? 따라서 독립을 추구할 생각을 하지도 말라. 어디서 많이 듣던 소리가 아닌가? 한민족이 일제의 지배 기간 동안 근대화됐다는 주장과 같은 이야기라 하겠다. 청나라 멸망 이후 한족은 중국내 한족, 만주족, 몽골, 회족(위구르) 및 장족(티베트)이 함께 잘 살아 보자고 소위 '오족공화(五族共和)'를 내세웠는데 이는 청나라의 영토를 계속 유지하겠다는 심산일 뿐이다.

2008년 베이징 하계 올림픽을 유치한 중국은 야심차게 전 세계에 걸쳐 성화 봉송 행사를 벌였다가 가는 곳마다 중국의 티베트 억압에 항의하는 반중 시위로 수난을 겪었다. 내년에 베이징에서 동계 올림픽이 열릴 예정인데 이번에는 신장 위구르인들에 대한 극심한 인권 유린을 이유로 서방국가들 사이에서 보이콧을 주장하는 움직임이 일어나고 있다.

중국은 내부적으로 이민족에 대해 무자비하고 도를 넘는 정책을 펴면서도 서구 열강과 일본에 당한 역사만을 강조하고 있다. 더욱이 한족의 잉여 인구를 대규모로 이민족 지역으로 이주시켜 이민족들이 조상 대대로 살아온 땅에서 오히려 이방인으로 전락하게 만들고 있다. 또한 남중국해의 대부분을 중국의 영해라고 주장하면서 동남아 국가들을 겁박하고 있다. 중국은 남 이야기할 자격이 없다. 중국 자신이 제국주의이다. 그럼에도 한국 사회의 일각에서는 중국을 반제국주의 투쟁의 선봉에 섰던 나라로만 인식하고 있다. 나아가 중국이 세계의 중심이 되고 한반도는 중화제국의 일원이 되는 것이 우리의 지향점이라고 여기는 것 같다.

그러한 인식으로부터 중국에 대한 비위 맞추기와 눈치 보기가 나오게 된다. 이런 현상은 비단 문재인 정부에서만 볼 수 있는 현상은 아니다. 2008년 4월 서울에서 있었던 베이징 올림픽 성화 봉송 행사에서 티베트 독립 지지단체가 중국 유학생 무리에 폭행을 당하는 일이 벌어졌다. 대한민국 수도 서울 한복판에서 한국인들이 중국인들에게 얻어맞거나 쫓기는 사태가 발생했는데 한국 경찰은 이를 못 본체 하고 성화 봉송 행렬을 호위하는 데만 신경을 썼다. 또한 한국의 불교 신자들은 오랜 바람인 달라이 라마의 방한이 성사되도록 탄원서도 내보고 서명도 받아봤지만 한국 정부는 여전히 비자 발급을 거부하고 있다.

* 2021.3.7. 《천지일보》

외교장관의 행보가 걱정된다

정의용 외교장관이 오는 4월 3일 중국 남부 푸젠성 샤먼에서 왕이 외교부장과 회담한다. 외교부는 이번 방중에 대해 한미 외교장관 회담(3.17) 및 한러 외교장관 회담(3.25)에 이어 한반도 주변 주요 국가들과 전략적 소통을 지속해 나가는 것이라고 설명하고 있다. 그런데 외신에 따르면 4월 말 미국에서 한미일 외교장관 회담이 개최될 예정이라고 한다. 정 장관은 무슨 급한 일이 있는지 취임 후 첫 방문국으로 중국을 선택하였다. 대한민국의 역대 외교장관들과는 사뭇 다른 행보다. 그리고 그 시점도 의문을 갖게 한다.

한국 외교장관의 방중은 2017년 11월 이후 3년여 만이며, 한중 외교장관 회담은 지난해 11월 이후 4개월여 만이다. 왕이 외교부장은 지난 2월 정 장관 취임 후 첫 통화에서 중국방문을 요청한 바 있다. 그리고 블링컨 미 국무장관을 맞이하던 시점에 이미 한중 외교장관 회담을 준비하고 있었다고 한다. 최근 미국 국무장관 및 러시아 외교장관과의 대면 접촉이 있었는데 모두 상대방이 한국을 방문해 이루어졌다. 게다가 정부 고위 인사 대부분이 코로나19로 해외 출장을 자제하고 있다는 점을 고려하면 정 장관의 중국 방문은 예사롭지 않다.

물론 한국의 신임 외교장관이 주요국 카운터파트와 상견례를 하고 소통을 위하여 만나는 것은 자연스러운 일이다. 하지만 이번 경우 우리 쪽에서 방중을 서두를 이유가 있는 것인가? 중국으로서는 한미 외교장관 회담에서 블링컨 장관이 쿼드 등 반중 전선에의 동참을 요구하였을 가능성이 크다고 보고 한국이 어떤 입장을 개진하였는지 매우 궁금할 것이다.

그렇다면 '목마른 놈이 우물 판다'라는 속담처럼 왕이 외교부장이 서울에 오면 될 일이지 정 장관이 굳이 중국으로 달려가서 한미회담 결과를 '보고'하는 것이 우리가 취해야 할 행동인가? 양국 사이에 신속한 소통이 필요하다면 우리 외교부가 주한 중국대사를 초치하든가 또는 주중 대사를 통해 중국 측에 설명하면 된다. 국가들은 그런 목적을 위하여 상대방 국가에 대사를 상주시키고 있다.

물론 우리 정부가 외교장관의 방중을 '자청'한 것인지 아니면 중국 정부가 한국 외교장관을 '호출'한 것인지 상세한 내막은 현재로서는 알 수 없다. 어느 쪽이든 외교에 있어 내용만큼 모양새도 중요하다는 점을 고려할 때 문제가 있다고 본다. 또한 한중관계는 작년에만 해도 양제츠와 왕이가 다녀가는 등 소통이 이루어진 반면 한일관계는 그간 징용공 및 위안부 배상 문제로 악화될 대로 악화되어서 고위 인사 간 소통이 시급하다는 점에서 일본이라면 몰라도 신임 외교장관이 긴급한 현안이 없어 보이는 중국을 첫 방문국으로 선택한 것은 선뜻 이해되지 않는다.

금번 한중 외교장관 회담에서 어떤 이슈가 논의되는지와 관계없이 대한민국의 외교장관이 취임 후 중국을 가장 먼저 방문하고, 게다가 미국 국무장관이 다녀가자마자 중국을 찾아가는 것은 문재인 정부의 과도한 친중 성향을 확인시켜 주는 것 같다. 중국은 이번 외교장관 회담 개최를 통해 미국에 대해 그들이 주장하듯이 한국은 미국이 추진하는 반중 연대의 '약한 고리'임을 각인시키려는 것으로 보인다.

최근 알래스카에서 있었던 미중 회담에서 양측은 살벌한 설전까지 벌인 바 중국은 한국 외교장관의 방중이 시기적으로 알래스카 회담 직후라서 더욱 잘 되었다고 생각할 것이다. 또한 중국 측에 특별한 사정이 있는지 모르겠으나 회담 장소가 대만을 마주보는 푸젠성이라 하는데 미국에 대한 과시 효과를 극대화할 수 있는 곳을 고른 것 아닌가 생각된다.

문재인 정부는 미중 간에 소위 '균형외교'를 추구한다고 이야기하고 있다. '균형외교'는 '균형'을 잃지 않을 때 소기의 목적을 달성한다. 이번에 정의용 장관이 중국 측에서 오라고 했다고 전후좌우 둘러보지 않고 달려가는 것은 미국에게는 한국은 중국 쪽으로 기울어져 있다는 인식만 심어 주고 중국에게는 한국은 다루기 쉬운 상대라는 생각을 더욱 갖게 할 뿐이다. 문재인 정부의 중국에 대한 접근은 중국이 한반도 평화 프로세스 실현에 큰 도움을 줄 수 있지 않을까 하는 기대에 따른 것으로 이해된다.

그런데 중국의 한반도 정책에서 가장 중요한 것은 북한의 안정적 존속이다. 그리고 중국의 북한에 대한 영향력에는 일정한 한계가 있다. 그럼에도 불구하고 문재인 정부가 중국에 대해 지나친 기대를 갖고서 불필요한 외교적 비용을 지출할 뿐만 아니라 국격도 떨어뜨리는 것은 아닌지 우려된다.

* 2021.4.1.《미디어시시비비》

중국의 역겨운 피해자 코스프레

　시진핑 주석은 7월 1일 중국 공산당 창당 100주년 기념 연설에서 중국과 외부세계와의 관계에 대해 언급하였다. 그는 "중국 인민은 다른 나라 국민을 괴롭히거나 압박하고 노예로 부린 적이 없었고 지금도 없으며 앞으로도 없을 것"이라고 하였다. 이는 중국의 한족이 북방 유목민족에 시달린 것보다는 근대에 들어와 제국주의 유럽 및 일본이 청나라를 침탈한 사실을 두고 하는 말일 것이다. 그런데 일반적으로 중국 역사를 4,000~5,000년으로 볼 때 중국이 아편전쟁 이후 열강에 시달린 기간은 중국 공산당이 국민당을 대륙에서 몰아내고 중화인민공화국을 수립한 1949년까지 100여 년에 불과하다. 그리고 제국주의 용어 자체는 19세기 이후에 등장하나 그 본질적 행태 또는 현상은 인류 역사에서 동서고금을 막론하고 관찰되는 것이다. 시진핑의 이야기는 중국 역사에서 100여 년 기간만을 갖고 이야기하는 것이며, 그것도 '내로남불'식 관점이다. 중국 역사를 자세히 들여다보면 아편전쟁 이후 기간에도 중국의 이민족에 대한 침탈이 있었다.

　소위 중원 땅을 차지한 중국 왕조는 역사적으로 대부분이 정복사업에 뛰어들었다. 힘이 있는 나라가 약한 나라를 무력으로 복속시키려는 것은 인류 역사에서 보편적 현상이었다. 중국 왕조들과 우리 민족 간 관계도 예외가 아니었다. 한나라의 고조선 침략, 수나라 및 당나라의 고구려 침략 등 중국 왕조와 우리 민족 간 무력충돌은 병자호란까지 간헐적으로 이어졌다. 2017년 4월 미중 정상회담에서 시진핑은 트럼프에게 "코리아(남북한)는 한때 중국의 일부이었다(Korea used to be part of China)."라고 하였다는데 이 발언은 역사적으로 사실여부를 떠나 중국이 한민족을 '침략'하였음을 인정한 발언이라고 할 수 있다.

그러면 현재는 어떠한가? 대표적인 예로 신장 위구르족, 티베트 장족 및 내몽골 몽골족에 대해 중국은 강압적인 동화정책 내지는 민족말살 정책을 펴고 있지 않은가? 중국 정부는 이 지역들은 중국의 일부로서 국내문제이므로 국제사회가 간섭하지 말라고 주장한다. 이들은 언어, 역사, 문화 등 모든 면에서 한족과는 구별되며 청나라 때에 와서야 그것도 무력에 의해 중국의 영역이 되었다. 이들은 청나라가 무너지자 당연히 독립을 추진하였는데 실패하면서 2차 대전 이후 1950년대에 중화인민공화국의 영토가 되었다. 중국 공산당은 이민족들의 분리독립을 막기 위한 목적으로 '중화민족'이라는 허구적 개념을 만들어내고 중화인민공화국의 현재 영토 안에서 있었던 일은 모두 '중화민족'의 역사라고 강변하고 있다. 그 결과 여진족 금나라의 침략에 맞서 싸워 중국에서 대표적인 충신으로 숭배해온 송나라 장군 악비가 하루아침에 '중화민족'의 분열을 조장한 인물로 평가가 180도 바뀌는 어처구니없는 일이 발생하였다.

또한, 시진핑은 "대만 독립 도모를 분쇄해야 한다"라고 말했다. 대만이 중화인민공화국의 영토라는 주장에 과연 얼마나 확고한 역사적 근거가 있을까? 대만의 원주민은 남쪽에서 이주한 소위 '고산족'이고 1624년에는 네덜란드가 교역거점으로서 자국의 영역으로 만들었다. 그러던 중 명나라에 충성하는 정성공 세력이 청나라에 패퇴하여 대만으로 들어와 1662년 네덜란드 세력을 축출하고 정 씨 왕조를 열었다. 정 씨 왕조는 1683년 청나라에 의해 정복되어 이후 대만은 청나라의 영역이 되었다. 그 후 1894년 청일전쟁에서 청나라가 패하여 일본 땅이 되었다가 2차 대전 이후 국공내전에서 패배한 장제스의 국민당 세력이 들어와 현재에 이르고 있다. 이야기하자면 현 중국이 대만을 자신들의 영토라고 주장하기에는 역사적 근거가 충분하지 않다.

중화인민공화국의 최근의 행태를 보면 시진핑의 공산당 100주년 연설 내용이 무색해진다. 그들은 이웃 나라들을 위협하고 있다. 현재 남중국해에서 중국이 어떤 행동을 벌이고 있는지는 널리 알려져 있다. 중국은 오래전부터 중국인들이 남중국해 전역에서 어로 작업을 하였다고 주장하면서 소위 '구단선(九段線)'을 그어 사실상 남중국해 전역을 자신들의 바다라고 우기며 베트남, 필리핀, 인도네시아 등 동남아 국가들을 겁박하고 있다. 이와 관련하여 필리핀이 2013년 1월 자국의 배타적 경제수역 내 개발권을 명확히 해달라는 취지로 국제상설중재재판소(PCA)에 제소하여 PCA는 2016년 7월 "중국의 9단선 주장은 아무런 법적 근거가 없다"라는 판결을 내렸는데 중국은 이를 무시하고 있다. 우리나라에 대해서는 중국어선들이 우리의 관할수역을 무단 침범하여 불법 조업하고 있다. 더욱 심각한 것은 서해에서의 중국 해군의 도발적 움직임이다. 2013년 중국은 우리 군에 동경 124도 서쪽 해역으로 들어오지 말라고 일방적으로 통보하고 우리 해군 함정이 124도 서쪽으로 항행하면 중국 해군 함정이 접근하여 그들의 작전구역이니 나가라고 경고하면서 자신들은 동경 124도를 넘어 백령도 앞바다까지 진입하는 등 서해에 대해 중국의 내해화(內海化)를 시도하고 있다. 중국이 적극적으로 추진하고 있는 소위 '일대일로' 사업도 중국의 민낯을 보여주고 있다.

중국 정부는 저개발국에 항만, 철도 등 인프라 건설 차관을 저개발국 정부의 상환능력이나 경제성 검토도 없이 마구잡이로 제의하여 중국 업체가 중국 물자를 사용하고 중국 인력을 투입하여 공사를 벌이고 나중에는 채무불이행을 이유로 완공된 인프라의 사용권 또는 소유권을 뺏는 약탈적 행태를 보이고 있다. 게다가 투입된 중국 근로자의 일부는 귀국하지 않고 눌러앉아 해당 국가에서 불안을 야기하고 있다. 오죽하면 중국의 '신식민주의'를 경계해야 한다는 말이 나오겠는가? 국제사회에서 중국에 대한 부정적 인식이 확산됨에 따라 중국이 여러 국가에 설치한, 사실상 중국 공산당의 공작 거점 역할을 하는 공자학원이 된서리를 맞으며 폐쇄되고 있다.

한국의 현실을 보면 이미 10여 년 전 복거일 작가가 갈파한 것처럼 '한반도에 중국의 그림자가 짙게 드리우고 있다'는 느낌을 지울 수 없다. 현 집권세력뿐만 아니라 야권 일부에서도 중국에 대해 안일한 인식을 갖고 있다. 2017년 12월 문재인 대통령은 중국 방문 시 베이징대학교 연설에서 중국을 '높은 산봉우리'라고, 한국은 그 주변의 '작은 나라'라고 표현하고, 양국은 '식민제국주의'를 함께 이겨낸 동지적

관계라고 하였다. 이어 앞으로 중국 중심의 인류운명공동체 구축이라는 소위 '중국몽'에 동참하겠다고 하였다. 그리고 노영민 현 정부의 초대 주중 대사는 신임장을 제정할 때 방명록에 '만절필동 공창미래(萬折必東 共創未來)'라고 썼다. 문 대통령은 올 초 시진핑과의 전화 통화에서 중국 공산당 창당 100주년을 축하하였으며, 최근 송영길 더불어민주당 대표도 축하 메시지를 보냈다.

또한, 민주당 대선 후보 경선에 나선 최문순 강원도지사는 중국의 문화 일대일로를 위해 도내 차이나타운 건설을 추진하려 하였고 양승조 충남도지사는 뜬금없이 서해에 한중 해저 터널 건설을 공약으로 내세웠다. 국민의힘 대선 주자 중 한 사람인 원희룡 제주지사는 최근 제주시에서 열린 중국 공산당 창당 100주년 기념 사진전에 보낸 영상 메시지에서 "중국과 대한민국은 오랜 친구이자 동북아와 세계평화를 위한 운명공동체"라고 하였다. 도대체 왜 이러는가? 1950년 중공군 수십만 명이 압록강을 건너 쳐들어와 대한민국에 의한 남북통일이 좌절된 것을 우리는 스스로 기억에서 지웠는가? 조선 시대처럼 중국의 그늘에서 '무기력한' 평화를 누리고자 일부러 기억을 안 하는 것인가? 일부 정치인들의 이러한 대중국 인식은 최근 들어 바뀌고 있는 중국에 대한 국민 정서와도 어긋난다. 최근 미국의 여론조사업체 '퓨리서치'가 17개국을 대상으로 중국에 대한 평판을 조사한 결과 17개국 중 15개국이 중국을 부정적으로 보고 있으며 한국의 경우 77%가 부정적인 것으로 나타났다. 우리 국민들 사이에서 중국에 대한 올바른 인식이 확산되는 것은 바람직한 변화이다.

중국 공산당은 중국의 경제발전 및 성장의 결과로서 예상되는 민주화 요구를 예방하고 현재 중국 내 소수민족들의 분리독립 움직임을 봉쇄하기 위해 민족주의 담론을 강화하고 있다. 그러기 위해서는 중국은 백인들에 당했다는 인식이 필요하다. 문제는 아편전쟁 이후 100년의 역사를 수천 년 통사로 확장하고, '내로남불'의 역사 기술을 하고 있다는 점이다. 중국의 젊은 세대가 그러한 역사관을 갖게 되면 중국은 21세기의 국제사회에서 '위험한' 존재가 될 수 있다. 중국의 인접 국가로서 중국과 밀접한 관계를 맺고 있는 한국은 중국의 그러한 움직임을 더욱 경계하여야 하는데 문재인 정부와 일부 정치인들이 반대 방향으로 가고 있는 것이 안타깝다.

*2021.7.11.《미디어시시비비》

싱하이밍 중국대사는 국제법을 위반하였다

지난 14일 윤석열 대선 후보가 언론 인터뷰에서 중국의 사드 배치 철회 요구의 부당성과 공고한 한미동맹의 중요성을 강조한 데 대해 16일 싱하이밍 주한 중국대사가 모 일간지에 반박 기고를 통해 '한미 동맹이 중국의 이익을 해쳐선 안 된다. 중한관계는 결코 한미관계의 부속품이 아니다'라고 주장해 중국의 대선 개입 논란이 빚어졌다. 세 가지 측면에서 이번 사태를 살펴본다.

첫째, 한국 외교부가 보여 준 실망스러운 대응이다. 외교부는 17일 당국자를 통해 국내 언론에 "주재국 정치인의 발언에 대한 외국 공관의 공개적 입장 표명은 양국관계 발전에 부정적 영향을 미치지 않도록 신중할 필요가 있다"라고 코멘트하고, 바로 중국 대사관 측에 그러한 입장을 알렸으며 싱하이밍 대사가 20일 신임 차관보를 예방한 기회에 입장을 재차 밝혔다고 한다. 그런데 싱하이밍 대사의 기고가 그 정도로 소극적으로 대처할 사안인가? 1961년 <외교 관계에 관한 비엔나 협약> 제41조는 '외교관은 접수국의 내정에 개입하지 말아야 할 의무를 진다'라고 규정하고 있다. 윤석열 전 검찰총장은 현재 대선 후보 중 한 사람이다. 그는 대한민국 정부를 대표하는 사람이 아니다. 대선 후보가 한 말에 대해 반응을 보이는 것은 접수국의 국내정치에 개입하는 행동이다. 외교사절이 주재국 국내정치에 개입한 것은 심각한 국제법 위반 행위이므로 외교부는 그를 '비호감 인물(persona non grata)'로 선언하거나 적어도 공개적으로 외교부로 불러 엄중히 경고했어야 했다. 외교부가 할 일을 못하니 외교사절들이 한국을 우습게 생각하는 것은 아닌가 하는 서글픈 생각이 든다.

둘째, 싱하이밍 대사의 기고와 관련한 집권 여당 대표의 반응이다. 국민의힘 박진 의원은 "외교부는 싱하이밍 대사의 입장이 중국 공식 입장인지 확인하고 항의해야 한다"라고 한 데 반해 송영길 더불어민주당 대표는 "우리 정부도 사드에 대한 중국의 지적에 대해 일관되게 '북핵 대비용'이라는 입장"이라며 "대통령 되겠다는 사람이 중국의 레이더 이야기로 반박하면 사드가 중국을 겨냥했다는 것을 스스로 자백하는 셈이다. 상당히 위험하다"라고 논평했다. 송 대표의 말에 일리가 있는 부분도 있다. 그런데 논란의 초점은 윤석열 후보의 발언 내용이 아니라 중국대사의 행동인데 송 대표는 중국대사의 행동에 대해서는 입을 다물고 윤 후보의 발언만을 문제 삼았다. 중국대사의 행동에 대해 말하는 것을 부담스러워하거나 주저한다는 느낌이 들지 않을 수 없다.

셋째, 모 일간지는 무슨 생각으로 중국대사의 반박 기고를 실어 주었는가? 외교사절이 주재국 매체에 기고하는 경우는 양국 간 수교기념일, 자국의 국경일 등 계기에 공공외교 차원에서 하는 것이 일반적이다. 외교사절이 주재국 대통령 선거 후보의 말에 대해 공개적으로 기고하는 것은 들어 본 적이 없다. 모 일간지는 중국대사가 그러한 기고를 하고 싶다고 했을 때 거절했어야 했다. 모 일간지는 중국 정부의 기관지인가? 중국대사의 기고 뒤에 '외부 필진 기고는 본지의 편집 방향과 다를 수 있습니다'라고 부기하는 것으로 끝날 일이 아니다. 모 일간지가 대선 후보들의 외교정책에 대한 의견이라는 중차대한 문제에 있어 중국대사를 의견을 낼 수 있는 '외부 필진'으로 이해하고 있다면 심각한 일이 아닐 수 없다. 이 매체는 비난을 의식해서인지 중국대사의 주장에 대한 국내 모 인사의 재반론 기고를 실었는데 초점을 벗어난 논쟁이 이어지는 것이 대한민국의 국익에 비추어 바람직한가?

그런데 중국 정부는 이번 논란에 대해 어떻게 생각하고 있을까? 중국 외교부 대변인은 21일 정례브리핑에서 중국대사의 한국 대선 개입 논란에 대한 질문에 "중국 외교관의 역할은 중국의 중대한 이익과 관련된 문제에 대해 신속하게 입장을 밝히는 것"으로서 "외교관의 역할을 한 것"이라고 답하고 "(싱 대사의 기고는) 소위 말하는 타국 내정 간섭, 타국 선거에 영향을 미치는 것과 연관이 없다"라고 주장했다. 기고 내용이 대사의 사적인 의견이 아니라 중국 정부의 입장이며, 앞으로도 중국의 입맛에 맞지 않는 발언을 하는 한국 정치인에 대해 '할 말'을 하겠다는 말이다. 국제관계와 국제법에 대한 중국의 인식이 어떠한지를 적나라하게 보여 주고 있다. 한국은 중국에 대한 태도를 바꿔야 한다. 나약한 태도를 보이면 우리를 더욱 만만하게 볼 것이다. 한국은 이제 종합국력 10위권 국가이다. 정부, 언론 및 정치인들이 이러한 문제가 국격은 물론이고 우리 국민의 사기와도 연결되는 것이라는 점에 유의하길 바란다.

* 2021.7.25. 《천지일보》

아프간 상황을 바라보는 중국과 러시아의 속내

바이든 대통령은 8월 30일 아프가니스탄 철군 완료를 선언했다. 아프간을 손에 넣은 탈레반은 '완전한 독립'을 선언하며 축포를 터뜨렸다. 2001년 9·11 테러로 시작된 미국의 아프간 전쟁은 만 20년을 앞둔 시점에 결국 실패로 끝났다. 그런데 그간 미국을 비난해 온 중국과 러시아는 미군의 철수를 환영하기보다는 당황하는 기색이 역력하다. 미군의 철수 후 아프간 안팎에서 이슬람 테러단체들의 발호가 예상되고 그 여파로 인근 지역 정세가 불안해질 가능성이 농후하기 때문이다.

중국의 움직임은 눈에 띄게 적극적이다. 이미 7월 28일 왕이 외교부장은 탈레반 대표단을 톈진으로 초청하여 아프간 재건과 경제 발전을 지원하겠다는 의사를 표했고 이에 탈레반은 "어떤 세력도 아프간 영토를 이용해 중국에 해를 끼치는 것을 허락하지 않겠다"고 하였다. 탈레반의 답변은 아프간에 은거하고 있는 동투르키스탄 이슬람 운동(East Turkestan Islamic Movement) 세력에 대한 중국의 우려를 염두에 둔 것이다. 미군의 철수가 완료된 8월 30일 중국의 주유엔 대표부 차석대사는 안전보장이사회 회의에서 "미국이 아프간에 큰 재난을 불러일으키고 그냥 가버리면서 책임을 이웃 나라에 떠넘겨서는 안 된다"고 하였다. 이는 중국이 그간 미국의 외국 분쟁 개입이나 미군 주둔을 제국주의적 행태라고 비난했던 것과는 대조적이다. 소수민족의 분리주의 움직임을 극도로 경계해온 중국은 향후 아프간 정세에 촉각을 세우지 않을 수 없다. 아프간이 중국 서북부 신장 위구르 자치구와 접경하고 있고 양쪽 주민 모두 이슬람(수니파)이기 때문이다. 탈레반은 아프간 국내정세를 안정시키는 데 돈이 필요하나 미국이 아프간의 자금줄을 틀어막고 있어 중국의 지원을 받으려고 아프간 내 위구르인들을 희생시킬 수도 있다. 하지만 아프간 정세가 어떻게 전개될지는 누구도 예단할 수 없고, 중국으로서는 섣불리 군사적 개입에 나섰다간 미국의 전철을 밟을 수도 있으므로 이러지도 저러지도 못하고 탈레반의 협조를 기대할 수밖에 없는 처지이다. 또한, 탈레반이 협조한다고 해도 알카에다 및 IS 같은 세력을 제대로 통제할 수 있을지는 미지수이다. 더욱이 그간의 탈레반의 행태를 보면 중국도 장기적으로는 이전의 다른 강대국처럼 탈레반에 농락당할 수도 있다. 이런 이유로 중국은 내심 고심하고 있으며, 일부에서는 이번 미군 철수의 배경에는 중국을 곤경에 처하게 하려는 의도가 있는 것 아니냐 하는 분석을 내놓고 있다.

러시아는 서방과 마찬가지로 탈레반을 테러단체로 지정했으나 탈레반과 꾸준히 접촉을 유지해 왔다. 카불의 러시아대사관도 폐쇄 또는 이전하지 않고 계속 유지하고 있다. 푸틴 대통령은 8월 24일 "모두가 모두를 상대로 싸우는 아프간 분쟁에 우리 군대를 투입할 생각이 없다"고 하면서 "소련 시절 우리는 아프간 주둔 경험이 있는데 우리는 그곳에서 교훈을 얻었다"고 덧붙였다. 하지만 러시아도 아프간 상황을 방관할 수만은 없다. 아프간에 둥지를 틀고 있는 이슬람 극단주의 세력들이 러시아의 영향권이며 같은 이슬람권인 중앙아시아에 침투할 가능성이 있기 때문이다. 그렇게 되면 러시아의 남부 국경지대에 불안 요인이 발생하고 나아가 러시아 내 이슬람계 자치 공화국들(체첸, 타타르스탄 등)이 동요할 수 있기 때문이다. 중국과 비교하여 위협이 곧 발생하는 것은 아니라는 점이 다를 뿐이다.

러시아와 중국은 외부세력은 아프간의 안정과 재건을 지원하되 내정에는 간섭하지 말아야 한다는 입장을 취하고 있는 바 아직 탈레반 정권을 승인할 것인가에 대해서는 유보적이다. 무엇보다도 탈레반이 수도 카불을 장악하였다고 하나 아직 아프간 전역을 완전히 통제하고 있지는 못하다는 현실을 고려한 결과로 보인다. 러시아와 중국은 아프간 상황을 주시하면서 역내 테러, 분리주의 및 극단주의에 대처하기 위해 중앙아 국가들과 더불어 2001년 결성한 상하이협력기구(SCO) 차원에서 공조해나갈 것으로 예상된다.

아프간의 혼란이 왜 염려스러운가? 테러 공격은 '바이러스'와 같아서 대처하기가 쉽지 않다. 정규군 간에 전선을 형성하여 대치하고 싸우는 통상적인 전쟁 방식으로는 대응이 어렵다. 중국으로서는 바로 옆에 '바이러스 폭탄'이 터진 격이라 전전긍긍할 수밖에 없다. 중국 공산당이 위구르인들을 억압하고 있는 신장 지역은 '바이러스'가 날아들면 테러가 심각한 수준으로 발발할 수 있다. 러시아는 중국과는 달리 소수민족에 대해 종교 및 문화 말살 정책을 펴고 있지는 않으나 분리주의 움직임의 불씨가 살아있는 상황이다.

* 2021.9.5.《천지일보》

중국어선 불법조업 단속마저도
중국 눈치 보아야 하나?

한국에서 꽃게잡이 철은 4~6월과 9~11월이며 조업 수역은 연평도 등 서해 5도 주변 수역이다. 매년 이때가 되면 이 지역의 어민들은 중국어선들의 도를 넘는 불법조업에 치를 떨고 우리 정부의 미온적인 단속에 한숨을 내쉰다. 우리 어민들의 생존권과 안전이 걸린 문제인데 무슨 연유로 우리 정부와 사회는 그리 큰 관심을 보이지 않고 그 결과 제대로 된 대응을 못 하는 것인가?

중국어선들과 비교하여 우리 해경 단속선은 수적으로 그리고 규모에 있어 빈약하다. 그래서 그런지 모르겠으나 중국어선들의 불법조업에 대해 우리 해경은 그간 나포보다는 퇴거 위주로 단속해 왔다. 그런데 우리 해경 단속선은 중국 선원들의 난폭한 저항에 경고 방송을 하거나 물대포 발사 등에 그쳐 효과적인 대응을 못 하고 있다. 다른 나라의 대응 예를 보면 베트남은 경고사격을 하고, 러시아는 포를 쏴서 침몰시키고, 인도네시아는 항공기까지 동원하여 폭격하기도 한다. 또한, 서해 5도 수역은 소위 북방한계선(NLL)에 근접해 있으므로 중국어선들은 우리 해경의 단속을 피하여 북방한계선 너머 북한 수역으로

도주하였다가 다시 들어오기도 하며, 나포되어도 처벌이 가벼워 나포되는 것을 두려워하지 않는다고 한다.

해경 통계에 따르면 중국 불법조업 어선의 수가 2018년 11,858척, 2019년 16,024척, 2020년 18,729척, 2021.1~8월 16,802척으로 지속적으로 증가하고 있는데 단속은 2018년 136척, 2019년 115척, 2020년 18척으로 오히려 감소하고 있다. 통계가 보여 주듯이 단속 건수는 놀라울 정도로 적다. 2020년 들어 단속 건수 급감은 해경이 단속 대원들의 코로나 19 감염을 막기 위해 단속 방식을 나포에서 퇴거명령 등 비접촉 단속으로 바꿨기 때문이라고 하는데 이해가 되는 면이 있으나 정부의 설명에 실망을 금할 수 없다.

그간 중앙일간지들이 중국어선들의 자원 약탈 및 우리 해경의 단속에 대한 난폭한 저항을 전혀 보도하지 않은 것은 아니나 이 문제에 대해 지속적인 보도를 하기보다는 매우 심각한 사태가 벌어졌을 때만 일시적으로 관심을 보였다. 몇 사례를 들면 2008년 9월 목포해경 소속 박경조 경위가 전남 신안군 가거도 해역에서 검문검색을 위해 중국어선에 오르는 순간 중국 선원이 휘두른 삽에 맞아 바다에 떨어져 숨졌고, 2011년 12월에는 인천해경의 이청호 경사가 인천 소청도 해역에서 중국어선 2척을 단속하던 중 필로폰을 투약한 중국 선원이 휘두른 흉기에 찔려 역시 목숨을 잃었다. 그리고 2016년 6월에는 서해 5도 수역이 아니라 사실상 내륙이라고 할 수 있는 강화도 주변 한강 어구 남북한 중립수역에까지 중국어선들이 들어와 유엔군사령부의 승인을 얻어 해군과 해경이 합동작전으로 이들을 쫓아냈으며, 10월에는 불법 조업하던 중국어선들이 단속 중인 해경 고속단정을 침몰시키고 도주하는 일이 벌어졌다.

최근 몇몇 주요 일간지가 '단독보도'라고 하며 중국어선의 불법조업 실태를 보도하였는데 국민의 힘 소속 조태용 의원과 태영호 의원이 해경으로부터 자료를 받아 그 심각성을 알리면서 이루어진 것이다. 즉, 매체 스스로 작정한 보도가 아니다. 2010년대 필자가 주러시아 대사관에 근무할 때 주요 일간지 중견 기자들이 단체로 모스크바를 방문하였는데 그들에게 왜 중국어선들의 해적에 가까운 만행에 대해 보도하지 않느냐고 물었더니 '너무 자주 있는 일이어서 기삿거리가 되지 않는다'라는 황당한 답변을 들었다.

우리 언론은 그렇다 하더라도 정부의 담당 부처 외교부와 해양수산부는 무엇을 하고 있나? 한-중 어업 공동위 등 양국 간 협의체가 가동되고 있다는데 중국 측에 제대로 항의하고 재발 방지책을 강구하라고 엄중히 촉구하였는지 의심스럽다. 그리고 두 부처의 장관이 중국 정부의 고위인사를 만났을 때 이 문제를 제대로 거론한 적이 있는지 궁금하다. 중국 정부는 자국민의 불법조업에 대해 시치미를 떼면서 단속과정에서 중국 선원이 다치기라도 하면 '문명적 대우'를 하라고 되려 목소리를 높인다. 도둑이 피해자에게 큰소리치는 셈이다.

우리 정부는 2011년 12월 이청호 경사 피살 사건 발생 후 불법조업 근절 종합대책을 수립, 총기 사용 절차를 간소화시키고 2016년 들어 중국어선들의 불법조업이 기승을 부리자 폭력사용 중국어선에 대한 함포 사격을 허용하였으며, 2017년에는 서해 5도 특별경비단을 창설하고 그 결과 중국어선의 NLL 수역 불법조업이 줄어들어 현지 어민들이 특별경비단에 대한 감사 현수막을 세우기도 하였는데 이후 중국어선의 불법조업은 근절되지 않고 오늘에 이르고 있다.

다음으로 정당들은 중국어선들의 불법조업 문제를 정부에게 공식적으로 제기한 적이 있나? 지역구 의원들이 지역구 문제 차원에서 제기했을 뿐이다. 국회 외교통일위원회와 농림축산식품해양수산위원회가 소관 부처들에 대해 보고를 요구하고 문제점을 지적하고 대책을 촉구하여야 할 것이다. 그 과정에서 서해 어민들의 한숨과 현장 해경단원들의 고충을 청취하여야 한다. 핵심은 해경이 단속과정에서 신속하게 적절한 물리력을 사용할 수 있도록 허용하고, 단속을 나포 우선주의로 하고, 처벌과 몰수를 확실하게 함으로써 중국 해적들이 우리 수역에서 불법 조업하면 득보다 실이 크도록 해야 한다.

혹시 현 정부가 벽지 어민들은 수가 얼마 안 되어 선거 결과에 별 영향을 미치지 못한다고 생각하는 것은 아닐까? 그들은 분명히 대한민국 국민이다. 그리고 서해 5도 지역의 수산자원은 대한민국의 자원이다. 도둑을 붙잡아 처벌하지 않고, 훔친 물건을 몰수하지 않고 도둑을 쫓기만 하고 있으니 도둑질이 근절되겠는가? 중국어선을 철저히 단속하면 현 정부가 생각 없이 집착하고 있는 한반도 평화 프로세스 추진에 중국이 협조하지 않고 훼방이라도 놓을까 염려하는 것일까? 아니면 혹시 보복이라도 있을까 봐 걱정하는 것인가?

미-중 대립 상황에서 정부가 이른바 '균형 외교'를 추구하는 것도 이해할 수 있으며, 최근 방한한 왕이 외교부장이 언급하였듯이 중국 정부가 중국의 핵심이익(대만, 홍콩, 신장 위구르 등)과 중대한 관심사에 있어 중국 입장을 존중하라고 요구하고 있음을 우리는 잘 알고 있다. 그런데 과연 중국어선들이 대한민국의 관할수역을 침범하여 불법으로 조업하는 것이 중국의 핵심이익이나 중대한 관심사에 해당하는 것인가? 중국어선의 불법조업은 의도를 갖고 한 행위이고 범죄를 구성하는 것인데 왜 그런 행위에 대해서까지 중국의 눈치를 보고 소극적으로 대처하는가? 국가의 품격을 생각하면 오히려 중국이 한국 내 반중 정서의 확산을 막기 위해서 신경 쓸 일 아닌가? 우리의 무기력한 대응은 건강한 양국 관계를 위해서도 바람직하지 않다. 만일 일본어선들이 독도 수역에 들어와 불법조업을 하더라도 우리 정부와 언론이 같은 태도를 보일까? 외국 어선의 해적에 가까운 행동을 퇴치하는 것은 주권국가라면 어느 국가나 취해야 하는 조치이다. 그리고 우리 어민의 피해가 심각한 수준이고, 해경이 단속과정에서 목숨을 잃을지도 모르는 위험을 무릅 써야 하는 상황까지 왔음에도 기울여야 할 관심을 기울이지 않는 언론은 반성해야 하지 않을까?

* 2021.9.22.《미디어시시비비》

정의용 장관의 뉴욕 발언으로
중국은 안심하였다

중국 언론은 9월 중순 왕이 외교부장의 방한에 대해서 작년 11월 이후 1년도 안 되어 또 방문하는 것이 이례적이라고 보도하였는데 왕이 부장의 방한은 한국이 미국의 반중 캠페인에 동조하지 않도록 거듭 챙기는 것이 목적이었다고 추측할 수 있다. 그런데 왕이 부장의 한국 방문 중 북한은 유엔 안보리 제재를 위반하여 단거리 탄도미사일을 발사하였고 한국은 문재인 대통령이 왕이 접견 직후 중국을 자극할 수도 있는 무기인 SLBM 시험 발사를 참관하였다. 이로 인해 그의 이번 방한에 대해 일부 국내 언론매체는 '외교 참사'라고 까지 논평하였다. 하지만 이번 문재인 대통령의 유엔총회 참석을 수행한 정의용 장관이 미국에서 한 발언을 듣고 왕이 부장은 소기의 목적을 달성하였다고 생각하였을 것이다.

정의용 장관은 미국외교협회 초청 간담회에서 중국 외교가 공세적인지와 관련하여 '공세적이라는 표현 자체에 동의하지 않는다' '중국은 경제적으로 더욱 강해지고 있어 공세적 외교를 펼치는 것은 당연하다' '중국은 20년 전 중국이 아니다' '우리는 중국이 주장하고 싶어

하는 것을 들어야 한다'라고 답변하였다. 정 장관의 답변에 대해 국내 매체들이 중국의 '대변인' 아니냐고 보도하자 정 장관은 기자들에게 해명하면서 서운하다고 하였다는데 진의가 그런 게 아니었다면 서운하다고 할 것이 아니라 자신의 언어능력에 대해 생각해 봐야 하지 않을까?

정 장관의 발언에 대해 몇 가지 지적해 보고자 한다. 첫째, 누가 보더라도 정 장관의 발언은 중국의 입장을 대변하거나 중국 입장을 이해하려는 의도가 깔려 있다. 문재인 정부는 그간 중국에 대해 지나치게 저자세라는 비난을 받아왔다. 이 점 정 장관도 잘 알고 있을 것이다. 문재인 정부가 그러한 비난이 오해이며 억울하다고 생각한다면 정 장관은 저명한 미국 외교협회와의 간담회 기회를 이용, 그러한 비난을 반박하는 내용으로 답변하는 것이 장관으로서 할 일이 아닐까? 정 장관은 그러한 정무 감각도 없는 것인지 아니면 중국에 대한 문재인 정부의 생각을 공개적으로 천명하여 중국의 호감을 계속 사려 한 것인가? 둘째, 중국이 강압적이라는 여러 나라의 우려를 중국에 전달하고 있으며 중국이 한국에게는 아직 그렇게 하고 있지 않다고 설명하였는데 한국에 대해서만 강압적이지 않으면 중국의 입장을 이해하겠다는 말인가? 셋째, 한국에 대해서는 아직 강압적이지 않다고 했는데 사실을 이야기하고 있는가? 중국의 사드 배치에 대해 거칠고 치사한 대응은 무엇인가? 롯데를 비롯한 우리 기업들이 얼마나 중국 정부로부터 핍박을 받았는지 모르는가? 정 장관의 기준에 중국이 얼마나 우리를 괴롭혀야 '강압적'이라고 할 것인가? 넷째, 대한민국의 민족공존과 공영의 호소에 대해 귀를 막고 핵무장을 한 북한은 여전히 우리의 적이다. 그 적과 동맹 관계를 맺고 있는 중국에 대해 한국의 동맹인 미국의 권위 있는 외교정책 싱크탱크에서 그렇게 말하는 것을 미국 조야는 어떻게 받아들일까? 작년 10월 이수혁 주미 대사의 문제 발언이 '이 대사의 개인적 의견이 아니었구나'라고 생각할 것이다.

이어 사회자가 한국을 미국, 일본, 호주 등 반중 블록으로 규정하려 하자 정 장관은 '그건 냉전 시대 사고방식'이라고 했고, '한국은 미국과 중국 사이에 선택할 것인가'라는 질문에 '미중 사이 선택을 해야 한다고 보지 않으며 특히 한국은 그럴 필요가 없다'고 했다. 이러한 답변은 적절한 것인가?

냉전 시대의 사고방식이라는 답변은 어처구니없는 답변이다. 한반도에서 냉전이 종식되었나? 아니다. 냉전에 대해 남 이야기하듯이 이야기하는 외교부 장관은 어떤 안보의식을 갖고 있는지 묻고 싶다. 한국은 미중 사이에서 선택할 필요가 없다는 이야기는 자신감에 넘쳐나온 이야기인가?

한편 중국 정부의 입장을 직설적으로 대변하는 환구시보 영문판(Global Times)은 정 장관의 발언에 대해 이례적으로 보도가 아니라 '사설' 형식으로 반응을 보였다. '한국 외교장관은 친중국(pro-China)이라기 보다는 친한국(pro-SK)이다'라는 제목이 의미심장하다. 정 장관은 한국의 외교장관이라는 당연한 이야기를 하면서 한국은 한국의 이익을 위해서는 중국을 지지해야 한다고 주장하고 있는 것으로 읽힌다.

끝으로 우리 야당은 무엇을 하고 있나? '정 장관은 중국의 외교부장인가, 아니면 북한의 외무상인가? 대한민국 외교부 장관이 아닌 것은 분명해 보인다'고 말로만 하지 말고 국회 외교통일위원회를 소집하여 정 장관을 불러 따져야 하는 것 아닌가?

* 2021.9.27.《미디어시시비비》

V. 러시아를 경시하지 말자

국제유가 러시아 손에 달렸다

국제유가가 급락하다가 반등했다. 도널드 트럼프 미국 대통령이 유가전쟁의 두 당사국인 사우디아라비아와 러시아 사이를 적극적으로 개입하면서다. 트럼프 대통령은 2일(현지시간) 트위터에서 러시아의 블라디미르 푸틴 대통령과 얘기를 나눈 후 사우디아라비아의 무함마드 빈 살만 사우디 왕세자와 대화했다고 밝혀 모종의 타협이 이루어졌음을 시사했다.

사우디 국영 SPA통신도 사우디가 원유시장을 안정시키는 공평한 원유생산을 합의하기 위해 OPEC+ (OPEC과 러시아 등 10개 산유국의 협의체)의 긴급회의 소집을 요청했다고 보도했다. 이로써 유가폭락 사태가 진정될지 주목된다.

코로나19 여파로 인한 유가하락에 대처하기 위해 3월 6일 OPEC+ 회의가 열렸다. 이 회의에서 러시아가 사우디의 합의안을 거부했다. 사우디가 러시아에 대해 오히려 증산하겠다고 압박하자 이미 폭락한 국제유가는 더 떨어졌다.

러시아와 사우디 간 감산합의가 이루어지지 않으면 기존 합의가 만

료되는 4월 초부터 모든 산유국이 증산에 나서게 되고 유가하락은 계속될 상황이었다. 그렇게 되면 석유시장의 주공급자인 사우디, 미국, 러시아 모두 큰 타격이 불가피했다. 특히 미국 셰일석유회사들의 줄도산이 예상됐다.

2010년대 중반 이후 셰일석유 생산단가의 지속적인 하락 덕분에 미국이 국제석유 공급시장의 새로운 강자로 등장하면서 OPEC은 가격주도자로서의 위치를 점차 상실하게 되었다. 미국에 대항하기 위해 OPEC 비회원국인 러시아도 참여하는 OPEC+를 결성했는데 결과적으로 러시아는 OPEC의 결정에 대한 거부권을 쥐게 되었다.

최근 감산합의 불발 이후 러시아는 매일 1억~1억 5,000만 달러 손해를 보고 있다고 한다. 그럼에도 불구하고 러시아는 왜 사우디의 감산 요청을 거부했을까? 최근 수년간 러시아가 점유하고 있던 시장을 잠식해 온 미국 경쟁기업들을 도태시키겠다는 의도와 그간 미국의 대러시아 정책에 대한 반격이라는 해석이 있다.

러시아는 당초 2019년 하반기에 러시아 발틱해 연안에서 독일 북부 해안을 연결하는 해저 가스관인 노르드 스트림2(Nord Stream2) 공사를 마치고 2019년 말부터 가스를 공급할 계획이었다. 그러나 미국의 노골적인 방해로 공사가 지연됐다. 게다가 미국은 베네수엘라산 석유·가스의 판매와 수송을 맡고 있는 러시아 로스네프치(Роснефт ь)사를 제재하기도 했다.

러시아나 사우디 모두 코로나19로 인한 수요위축 때문에 이미 매우 낮은 수준인 유가가 더 떨어지는 것에 부담을 느낀다. 사우디는 생산단가 측면에서 러시아나 미국에 비해 우위지만 국가재정의 석유·

가스 판매 수입 의존도가 70%가 넘어 유가 하락세의 지속을 감당하기 어렵다.

최근 무디스 평가에 따르면 러시아는 다른 산유국들에 비해 코로나19 사태로부터 덜 영향을 받는다고 한다. 석유가스 판매수입이 재정에서 차지하는 비중이 40% 정도라서 사우디에 비해 저유가 상황에서 좀 더 버틸 여력이 있다는 것이다.

미국 셰일기업들에게 타격을 주려고 한다는 데는 러시아와 사우디가 같은 입장이다. 러시아도 감산 자체에 반대하는 것은 아니다. 하지만 감산은 유가상승으로 이어지고 시장점유율과 판매수입이 증가할 수 있으나 동시에 미국 기업들에 회생의 기회를 제공할 수도 있다. 세계경제의 위축으로 인한 석유수요 감소 추세가 어떻게 될 것인가를 예측하기가 쉽지 않다.

러시아-사우디 갈등의 최대 피해자는 미국의 셰일석유 산업이 될 것이다. 이와 관련해 미국이 러시아에 책임을 물어 제재를 하겠다는 이야기도 나왔다. 노르드 스트림2 건설과 관련해 독일 등 유럽 국가들에게 러시아산 가스를 사지 말라고 압력을 가하고 가스관 공사 참여 회사들을 제재한 미국이 이번 사태와 관련해 제재를 거론하고 나선 것이다.

어쨌든 사우디아라비아는 석유카르텔의 영향력을 회복하기 위해 러시아와의 합의를 포기할 수 없을 것이다. 러시아측 전문가 의견에 따르면 현재 양국간에 긴밀한 협상이 진행 중이라고 한다. 러시아도 파국을 원하지 않기 때문에 머지않아 타협이 이루어질 것으로 보인다.

* 2020.4.3. 《내일신문》

북한 변화 가능성과 러시아의 선택

　최근의 김정은 유고설은 근거가 없는 것으로 드러났다. 유고설이 퍼지는 동안 전문가들은 만일 북한에서 급변사태가 발생할 경우 관련국들이 어떻게 대응할지에 대한 예측과 분석을 내놓았다. 당장은 그런 일이 발생할 가능성은 희박해 보인다. 하지만 한반도 주변국 가운데 러시아가 북한 유사시 어떤 입장을 취할지 가늠해보는 것은 미래에 대비한다는 차원에서 나름대로 의미가 있다.

　러시아의 대한반도 정책은 소련 시절과 그 이후로 구분할 수 있다. 소련은 1948년 북한정권 수립을 후원했으며 냉전기간 내내 한국을 적대시했다. 냉전 종식 이후 옐친정부는 한국을 중시하는 대한반도 정책을 취하고 북한과는 거리를 뒀다. 이러한 배경에서 당시 김영삼 대통령 요청으로 1960년대 초 북한과 체결한 군사동맹조약을 폐기해버렸다.

　푸틴 집권 이후에는 사실상 남북한 등거리 외교를 펼치고 있다. 이전의 정책이 한반도에 대한 영향력 약화를 가져왔다는 판단에 따라 경제협력 측면에서는 한국 쪽으로 기울었지만 북한과의 관계도 중시하기 시작한 것이다.

러시아는 2000년에 북한과 냉각된 관계를 개선하기 위해 새로운 우호협력조약을 체결했고, 푸틴 대통령이 북한을 방문했다. 즉 러시아는 한반도에서 역할 유지와 실리를 함께 추구하고 있다.

남북러 철도, 가스 및 전력망 연결 등 거대 프로젝트 실현과 극동 러시아 개발은 러시아의 국가적 의제이다. 이를 위해서는 남북관계가 통일까지는 아니더라도 서로 교류하고 협력하는 관계로 호전되는 것이 필요하다. 이 점에서 러시아는 주변국들 가운데 남북관계 개선, 나아가 통일에 대해 가장 호의적인 입장을 취하고 있다.

따라서 북한 급변사태시 중국이 북한에 대해 전격적으로 단독 군사 작전을 전개해 평양에 친중정권을 수립하려 할 경우 러시아로서는 강 건너 불처럼 바라만 보기가 어려울 것이다.

중국 입장에서는 미국의 위협에 완충지대 역할을 하면서 중국에 의존적이고 순종적인 북한이 가장 바람직할 것이다. 북미 정상회담이 진행되는 과정에서 시진핑은 김정은을 세 차례나 초청했고 자신도 평양을 방문했다. 이는 중국이 북한의 대외정책이 어떤 방향으로 나아갈지 우려를 갖고 예의주시하고 있음을 보여주는 것이다.

중국은 급변사태를 이용해 확실한 친중 정권을 수립하려는 유혹을 느낄 수밖에 없다. 이 경우 중국은 미국에 대해 북한의 핵무기 및 시설 제거를 명분으로 내세울 것이다. 미국의 주 관심사는 남북통일 여건 조성보다는 대량살상무기의 확산 방지 및 통제이므로 한국을 배제하고 미중 사이에 담합이 이루어질 수도 있다. 중국의 개입이 핵무기의 제거와 한반도 정세의 현상유지로 끝나는 것이라면 미국은 적극적으로 대응하지 않을 가능성이 크다.

이러한 상황 전개는 한국으로서는 최악의 시나리오가 아닐 수 없다. 북한의 친중 정권과는 통일은 고사하고 전향적인 남북관계를 논의하기도 쉽지 않을 것이기 때문이다. 한국으로서는 북한 급변사태가 외부 개입 없이 수습되고 더 이상 한국을 기만하지 않는, 진정성을 가진 정권이 들어서는 것이 가장 바람직하다.

러시아는 북한을 자신의 영향권에 포함시켜 인식해왔기 때문에 북한에 대한 중국의 독점적 영향력 행사를 용인하기 어려울 것이다. 사실상 한반도에 대한 영향력이 심각하게 축소되거나 상실되는 것이기 때문이다. 결국 중국이 군사행동에 나설 경우 제동을 걸 수 있는 나라는 러시아밖에 없다.

한국에서는 중러관계를 미일관계와 비슷한 것처럼 잘못 이해하는 경향이 있는데 현실을 모르고 하는 이야기이다. 물론 러시아가 중국이 제시하는 조건에 따라서는 타협할 수도 있으나, 북한에 대한 중국과 러시아의 이해관계는 우리가 생각하는 것처럼 일치하는 것은 아니다.

북한 급변사태에 대처하기 위해 군사적인 대비책뿐만 아니라 한국과 이해관계가 일치하는 관련국을 우군으로 확보하기 위한 능동적 외교도 검토해야 할 것이다.

* 2020.5.15.《내일신문》

2차 세계대전의 진실과 소련의 역할

올해로 제2차세계대전이 끝난 지 75년이 된다. 러시아에서 5월 9일은 독일과의 2차 세계대전 승리일로 가장 뜻깊은 국경일 중 하나다. 올해는 승전 기념행사가 코로나19 사태로 연기되었다가 6월 24일에 개최되었다. 2005년 60주년 행사 때는 노무현 대통령이 한국 대통령으로서는 처음 참석한 바 있다.

우리는 1944년 6월 노르망디상륙작전이 한국전쟁의 인천상륙작전처럼 2차 대전의 전세를 역전시켜 연합국 승리의 발판이 된 것으로 배웠고 그렇게 이해하고 있다.

그런데 지난 주 푸틴 대통령은 미국의 보수 성향 국제문제 전문지 《내셔널 인터레스트(The National Interest)》에 〈제2차 세계대전 75주년의 진정한 교훈〉이라는 제목으로 장문의 기고를 했다. 그는 2차 대전 발발과 관련한 서방 국가들의 책임을 거론하는 한편, 나치독일과의 전쟁 승리에 대한 소련 기여도를 3/4 정도로 평가했다. 소련의 기여도에 대한 그의 평가는 근거있는 것인가?

1939년 9월 독일이 폴란드를 침공하자 영국과 프랑스는 바로 대독

선전포고를 했다. 하지만 독일군의 파상공격에 프랑스는 일찌감치 항복하고 영국군이 1940년 4월 프랑스에서 철수함으로써 서부전선에서는 1944년 6월 노르망디상륙작전까지 이렇다 할 전투가 없었다.

프랑스와 영국을 패퇴시킨 독일은 총부리를 소련으로 돌려 1939년 8월 체결된 독소불가침조약을 파기하고 1941년 6월 소련을 공격했다. 이때부터 소련군이 대대적인 반격에 나서는 1944년 초반까지 소련 국민은 독일의 공격으로 이루 말할 수 없는 고초를 겪었다.

엄밀히 말하면 노르망디상륙작전 때까지 유럽에서 독일과의 전쟁은 소련 혼자 치른 전쟁이었다고 해도 과언이 아니다. 이 기간 동안 소련은 미국과 영국에 대해 지속적으로 서쪽에서 독일을 공격해줄 것을 요구했다. 미국과 영국이 소련의 '제2전선' 전개 요구에 대해 늑장을 부린 데 대해 일부 수정주의 역사학자들은 미국과 영국이 은근히 나치독일의 공격으로 공산주의 소련이 무너지길 바랐기 때문이었다는 해석을 내놓기도 했다.

러시아에서는 제2차세계대전을 '대조국전쟁'(Великая Отечественная Война)이라고 부른다. 매년 승전기념일이 되면 군사 퍼레이드가 열리고 시민들은 전쟁에서 전사한 부모나 조부모의 사진을 가슴에 안고 행진한다. 사망자나 부상자가 없는 가정이 거의 없었다고 할 정도로 전쟁은 소련 국민들에게 큰 상처를 남겼다.

당시 소련 인구는 약 1억 9,000만 명이었는데 군인이 1,000만 명 넘게 목숨을 잃었고 그보다 많은 숫자의 민간인이 희생되었다. 이에 비해 미국과 영국의 희생자는 비교할 수 없을 정도로 적다. 물론 소련의 경우 미국이나 영국과는 달리 자신의 영토에서 전쟁이 벌어졌기 때문에 희생이 클 수밖에 없었다.

한마디로 2차 대전은 현상을 유지하려는 영국 및 프랑스와 현상을 타파하려는 나치독일 간 갈등이 폭발해 일어난 전쟁이었으나 엉뚱하게도 그러한 갈등과 직접 관련이 없었던 소련이 엄청난 인적, 물적 피해를 입어야 했다. 그럼에도 불구하고 전쟁이 끝나자마자 시작된 냉전으로 인해 전쟁 중 소련의 역할은 과소평가되고 미국과 영국 등의 역할만 부각됐다.

한국인들이 남북분단의 충격과 6.25 전쟁의 상흔을 잊을 수 없는 것은 당연하다. 그런데 남북분단은 당시 이미 냉전이 시작되어 한반도 문제를 다루는 데 미국과 소련 양국이 합의에 도달하지 못한 결과라고 할 수 있다. 그런 만큼 어느 일방에게 책임을 돌리는 것은 객관적이지 못하다고 본다.

6.25 전쟁은 어떤가? 소련 해체 이후 공개된 외교문서를 통해 확인되었듯이 소련은 김일성의 남침을 사주한 것이 아니었다. 김일성이 주도한 것이었다. 한국인의 소련에 대한 객관적이고 공정한 이해와 관련해 강조하고 싶은 점들이다.

한국인의 소련에 대한 인식에 있어 냉전 시절 불가피하게 주입된 것들이 많았다. 객관적인 사실에 근거해 바로잡아야 할 것은 바로잡을 필요가 있다. 근거없는 편견과 부정확한 인식을 극복하는 것은 소련을 계승한 러시아와의 관계를 미래지향적으로 발전시켜 나가는 데 긴요하다.

* 2020.6.26.《내일신문》

에너지 시장의 파워게임과 한러 협력

　러시아와 독일을 연결하는 총 연장 1,234㎞의 발틱 해저(海底) 가스관 부설 프로젝트인 노르드 스트림2(Nord stream 2)를 둘러싸고 심각한 갈등이 이어지고 있다. 이 프로젝트는 러시아의 가즈프롬이 독일, 프랑스 등 유럽 기업들과 함께 추진해 2019년 말 완료될 예정이었다. 그런데 미국이 러시아산 가스 공급의 확대가 유럽의 안보를 위태롭게 할 것이라고 주장하며 프로젝트 참여 업체들에게 제재 위협을 가하는 바람에 현재 공사가 독일 근해 160㎞ 지점에서 중단된 상태이다.

　이 프로젝트가 완성되면 유럽에 대한 러시아산 가스의 공급이 크게 늘어나게 되지만 어디까지나 가스 구매는 각국의 선택인데 왜 시끄러운 것일까?

　미국의 논리는 이 프로젝트가 완성되면 유럽의 러시아에 대한 에너지 의존도가 높아져서 소위 '에너지 안보'가 우려된다는 것이다. 일부 유럽국가들 가운데 특히 우크라이나가 반발하는 것은 유럽의 에너지 안보를 우려해서가 아니라 이 프로젝트가 완성되면 자국을 경유하는 가스관의 유용성이 반감돼 통과료 수입이 대폭 줄어들기 때문이다.

미국은 최근에도 트럼프 대통령과 폼페이오 국무장관이 미국 셰일가스 업체의 이익을 위해 전면에 나서 관련 기업들을 위협하고 있다. 2018년 제정된 '미국에 적대적인 국가들에 대한 제재 법률(CAATS)'에 따라 제재를 가하겠다고 엄포를 놓아 해저 가스관 부설 업체가 도중하차함으로써 공사가 중단된 상태인데 앞으로 압력을 더 높이겠다고 한다. 한편 러시아 측은 자국의 선박과 자금으로 금년 중 공사를 끝내겠다는 입장이다.

트럼프 대통령은 독일에 미국산 가스를 사라고 대놓고 요구하고 있다. 자유무역의 챔피언을 자처해온 미국이 동맹국에게 자기 물건을 팔려고 경쟁상대인 다른 나라 것을 사지 말라고 하면서 엉뚱한 안보 논리를 펴고 있는 것이다. 5G 통신 서비스 장비 가운데 중국 회사 화웨이의 제품은 정보 보안에 치명적이 될 수 있으므로 사지 말라고 하는 것은 어느 정도 이해가 되지만 가스 구매에 대해서도 유사한 논리를 주장할 수 있을까?

미국은 2011년에 개통된 노르드 스트림1(Nord Stream 1)에 대해서는 전혀 문제 삼지 않았다. 당시는 미국의 셰일가스가 국제시장에 본격 진출하기 전이었다.

미국산 가스는 러시아산보다 비싸고 배로 수송해야 하기 때문에 상대적으로 공급의 안정성이 떨어진다. 독일 정부는 가격 경쟁력과 공급 안정성이 있는 공급선을 선택할 수 있는 에너지 주권을 포기할 수 없다며 미국의 압력에 맞서겠다는 입장이다.

이러한 상황을 보며 2008년 시작된 북한 경유 파이프라인 건설을 통한 러시아산 가스 수입 프로젝트에 대한 협상 전말을 복기해 본다. 이 프로젝트의 논의는 근거리에 저렴하고 안정적인 공급원을 확보한다는 차원에서 시작됐다. 기대와는 달리 협상이 지지부진한 가운데 2011년 한국 정부는 중장기 에너지수급계획을 발표했는데 미국산 셰일 가스 수입이 포함돼 있었다. 그리고 2012년 1월 미국산 셰일 가스를 연간 350만 톤씩 2017년부터 20년간 구매하는 계약이 체결됐다. 당시 북한은 통과료 수입에 큰 관심을 갖고 적극적인 자세를 보였다. 하지만 우리 측은 가스관을 통한 수송에 대한 북한의 보장을 신뢰할 수 없고 러측 협상당사자인 가즈프롬이 자료 요청에 성실하게 응하지 않는다는 등 협상 초기와는 달리 유보적인 태도로 일관하다가 2013년 3월 북한 변수를 들어 협상 중단을 선언했다. 그런데 미국의 셰일가스가 가격경쟁력을 갖게 돼 국제시장에 본격 진출한 것이 2010년대 초반이었다. 2019년도 한국가스공사의 가스 도입 현황을 보면 도입선중 미국의 비중이 11%로서 최근 상당히 높아졌다.

한국가스공사는 2008년 이래 매년 러시아산 가스를 150만 톤 수입하고 있는데 계약이 끝나는 2028년 이후에는 어떻게 될까?

또한 만일 북미 핵 협상이 진전돼 대북 제재가 해제되고 북한 경유 가스관 건설 사업이 다시 논의된다면 미국이 어떻게 나올지 궁금하다.

* 2020.8.2.《천지일보》

G7개편 구상과 러시아, 그리고 한국

    지난 5월 말 도널드 트럼프 미국 대통령은 올해 주요 7개국(G7) 정상회의를 코로나19 사태 때문에 9월로 연기하겠다며 G7을 확대해 러시아와 한국 등 4개국을 초청하고 싶다고 밝혔다. 이와 관련 현재 국내에서는 한국의 워싱턴 G7 회의 참석이 정해진 것처럼 회자된다. 정말 한국의 G7 합류 가능성은 있는 걸까?

    트럼프 대통령은 현재의 G7 구성이 국제사회 현실을 제대로 반영하지 못하고 있다면서 러시아, 인도, 호주, 한국을 참여시키겠다고 밝혔다. 이러한 주장의 방점은 러시아에 있는 것으로 보인다. 러시아는 1998년 G7 정회원으로 가입했고 G7은 G8으로 확대되었다. 그러나 러시아가 우크라이나 내전 중 크림반도를 병합한 데 대해 여타 회원국들이 반발하면서 2014년 G8에서 배제되었다.

    트럼프 대통령은 2018년 캐나다 G7 회의에서 여타 회원국들의 반발에도 러시아가 G7에 복귀해야 한다고 주장했다. 2019년 프랑스 G7 회의에서도 러시아를 다시 받아들여 이란, 시리아, 북한문제 논의에 참여시켜야 한다고 주장했다. 동시에 2020년 미국에서 열리는 G7

회의에 러시아를 초청하겠다고 밝혔다. 그가 러시아의 G7 참여를 거론한 것은 올해가 처음이 아니라는 얘기다.

이번에 트럼프 대통령이 러시아의 G7 참여를 희망한 것은 중국을 압박하기 위한 연합전선 구축과도 관련 있을 것이다. 하지만 그것보다는 현재 국제사회의 분쟁 해결과 관련해 러시아의 역할을 평가하고 있는 것이 주요인으로 보인다.

러시아의 G7 참여에 대해 독일, 프랑스, 영국, 캐나다는 부정적이고 이탈리아는 긍정적인 입장이다. 독일 외무장관은 최근 국제분쟁 해결을 위한 러시아의 역할을 인정하면서도 2014년 러시아 배제 사유가 해소되지 않았다며 반대 입장을 표명했다. 그는 G7 확대 자체에도 부정적인 반응을 보였다.

한국 참여에 대해서는 이미 미국측에 반대의사를 밝혔다는 일본을 제외한 나머지 회원국들의 입장은 알려진 바 없다. 국내 일각에서는 최근 트럼프 대통령의 G7 확대구상 발언 및 폼페이오 국무장관의 '새로운 민주주의 동맹체' 결성 주장을 근거로 한국이 G7에 참여하게 될 것이라는 낙관론이 있다.

최근 모 청와대 인사는 언론에 "8월 31일이나 9월 1일쯤 워싱턴에서 G7 정상회의가 열릴 것 같고 8월 31일에 워싱턴에 가게 되면 우리가 매년 참석할 수 있도록 협의하고, 또한 어떤 자격으로 참석하는지도 협의할 필요가 있다"고 밝혔다.

G7의 확대개편은 G7의 현 회원국들의 의사에 달려 있다. 일본을 제외한 G7 회원국들이 한국의 참여에 대해 의견을 표명하지 않는 것은 반대하지 않는다는 것이 아니라 관심이 별로 없다는 뜻이 아닐까?

확인했다시피 트럼프 대통령의 주 관심은 러시아 참여에 있는 것으로 보인다.

G7의 회원국 수를 변경하려면 만장일치 결정이 필요하다. 일부 회원국들이 러시아의 복귀를 반대한다면 이번 워싱턴회의에서도 G7의 확대가 어려울 것이다. 이 경우 러시아의 참여를 지속적으로 주장해온 트럼프 대통령의 입장을 고려해 2019년 프랑스 G7 회의 때처럼 러시아를 포함한 몇몇 국가를 게스트로 특별 초청하는 방안으로 타협이 이루어질 가능성도 있다. 이 과정에서 일본은 자국의 유엔 안보리 상임이사국 진출을 강력 반대하는 한국의 초청을 저지하려 할 것으로 예상된다.

그런데 정작 러시아는 G7 재가입에 대해 큰 관심이 없어 보인다. 최근 크렘린 대변인은 "푸틴 대통령은 재가입 문제를 먼저 제기하거나 요청한 적이 없다. G20이 오늘날 더 의미가 있으며 국제사회의 현실에 더 부합된다. 또한 중국, 인도 등 주요국의 참여가 없는 협의체는 효과가 없다"라고 논평했다.

세계 주요국 협의체에 한국이 참여하게 된다면 물론 환영할 일이고 한국의 국제사회에서의 위상은 더욱 제고될 것이다.

하지만 트럼프의 발언을 갖고 마치 다된 밥상을 받아놓은 것처럼 들떠 있는 것은 바람직하지 않다. 현재 우리 외교의 시급하고도 최우선적 과제는 북한의 핵 포기와 주변국들과의 관계를 잘 관리하는 것인데 공연히 G7 회원국들을 상대로 외교력을 허비하지는 않을까 우려된다.

* 2020.8.7. 《내일신문》

러시아 백신, 또 러시아 폄하인가?

　지난 11일 푸틴 대통령은 러시아에서 세계 최초로 코로나19 백신이 공식 등록됐다고 발표했다. 대부분의 국내 신문들은 충분한 임상시험을 통해 안전성과 효능이 검증되지 않았다고 하면서 러시아산 백신에 대해 불신을 보인 서방 언론의 보도를 여과 없이 사실상 전재했다. 작년 7월 징용 배상 문제로 인한 갈등이 고조되면서 일본이 우리 반도체 업체에 대한 불화수소 등의 수출을 규제했을 때 러시아가 불화수소를 공급하겠다고 제의한 데 대해 우리 언론이 보인 반응을 생각나게 했다.

　현재 선진국들은 치열한 백신 개발 경쟁을 벌이고 있다. 미국을 비롯해 서방 국가들은 일단 러시아산 백신을 사용하지 않겠다는 입장을 보이고 있다. 트럼프 대통령은 푸틴 대통령의 발표 직후 미국 제약회사에 1억 회 분량의 백신을 사전 주문한다고 발표함으로써 불편한 심기를 드러냈다. 그런데 러시아 정부는 8월 말이나 9월 초 우선 의료진과 교사들을 대상으로, 이어 10월부터는 희망자를 대상으로 접종을 실시할 것이며, 아랍에미리트연합, 사우디아라비아, 브라질, 멕시코 등 외국에서도 러시아산 백신을 선보일 것이라고 밝혔다. 푸틴은 두 딸 중 한 명에게 백신을 맞게 했는데 결과가 좋다면서 자신감을 내비쳤다. 러시아는 현재 외국파트너와 함께 5개국에서 연 5억 회 분량 이상의 백신을 생산할 준비가 돼 있으며 이미 20개국으로부터 10억 회 이상 분량의 주문 신청을 접수했다고 한다.

그러면 서방국가들의 지적처럼 3상 시험이 되지 않은 상태에서 왜 러시아 정부는 서둘러 백신의 공식 등록 조치를 취했을까? 우선 러시아의 겨울은 매우 춥기 때문에 대부분 사람들은 실내 생활을 한다. 겨울이 시작되는 10월 말 코로나의 급속한 확산 가능성에 대한 대비책인 것이다. 또한 현재 러시아는 누적 확진자가 세계 4위일 정도로 많고 이로 인한 경제상황 악화로 국민들의 비판 여론이 고조되면서 지지도가 상당히 하락해 푸틴으로서는 반전(反轉)의 호재가 필요했다. 그리고 백신의 이름을 '스푸트니크 V'라고 지었는데 이는 소련이 1957년 10월 세계 최초의 인공위성 스푸트니크 1호 발사 및 1961년 첫 유인 우주선 보스토크 1호 발사 성공으로 우주 개발에서 미국을 압도했듯이 백신 개발 경쟁에서도 미국 등 서방을 이기겠다는 의지를 담은 것이라 하겠다. 어쨌든 러시아산 백신의 안전성과 효능이 입증된다면 러시아는 세계 백신 시장을 선점함으로써 엄청난 수입을 올리게 될 것이다.

한국인들은 잘 몰라도 국제사회에서 러시아가 기초과학 및 원천기술에서 세계 최상위권이라는 데 이의를 제기하는 사람은 거의 없다. 우리나라의 삼성을 비롯한 글로벌 기업들은 모스크바나 상트페테르부르크에 러시아 과학자들을 고용해 AI 연구소를 운영하고 있다. 이제까지 물리학, 화학, 의학 등 자연과학분야에서만 노벨상 수상자가 17명이나 된다. 또한 소련에서는 소아마비용 폴리오 백신이 1959년 상용화됐는데 이는 미국보다 2년 빠른 성취였다. 요즘 흔히 하는 라식 수술도 러시아가 원조이다.

만일 러시아산 백신이 성공한다면 서방국가들 특히 과학기술에 있어 세계 최고라고 자부하는 미국의 위신에 흠집이 날 수 있으며 서방의 백신 개발 회사들은 엄청난 개발 비용의 회수에 어려움을 겪을 수도 있을 것이다. 따라서 경쟁관계에 있는 서방 기업들의 입장에서는 어찌 됐든 러시아산 백신에 대해 불신을 조장하는 것이 득이 된다고 판단할 것이다.

최근 우리는 소위 'K-방역'에 대해 자화자찬하고 나아가 한국산 진단키트 및 방역장비를 세계 각지로 수출하는 만큼 한국이 코로나19에 대한 대처에서 중심국가의 위치에 올랐다고 생각하는 것 같다. 앞으로 러시아산이든 미국산이든 백신이 상용화되면 우리가 수출하고 있는 진단키트 및 방역장비는 그 수요가 급감하고 궁극적으로 소멸될 것이다. 현재 국내 몇몇 회사가 서방 제약회사들과 백신 위탁 생산을 추진하고 있어서일까? 러시아산 백신의 안전성과 효능을 믿을 수 없다면 사지 않으면 되는 것인데 굳이 서방국가들의 일방적인 러시아 때리기에 동참할 필요는 없다고 본다.

* 2020.8.23. 《천지일보》

심각해지는 러시아, 인도 및 중국의 삼각관계

　최근 히말라야 국경에서 무력충돌이 자주 일어나면서 인도-중국 간 대립의 골이 깊어지는 가운데 러시아는 양국과의 관계에서 묘한 행보를 함으로써 3국 관계가 복잡해지고 있다. 3국 간 상호관계를 살펴보고 한국 외교에 대해 어떤 시사점이 있을까 생각해 보고자 한다.

　인도와 중국은 3,488㎞에 달하는 긴 구간에 대해 여전히 국경을 획정하지 못하고 소위 '실질통제선'을 사이에 두고 대치하고 있다. 지난 6월 15일 갈완 계곡에서의 충돌에서는 인도 측에 20명 이상의 사상자가 발생했으며, 8월에는 서로 상대방이 라다크 지방에서 '실질통제선'을 넘으려 했다고 주장했다. 이미 양국은 1962년에 국경분쟁으로 전쟁을 겪었는데 이 때문에 1970년대 이래 인도-파키스탄 대립에서 중국은 파키스탄 편을 들어 왔고 이것이 더욱 양국 관계를 악화시키고 있다. 한편 소련은 1962년 전쟁 당시 같은 사회주의 국가인 중국을 지지하지 않고 인도 쪽으로 기운 행동을 보였으며, 1960년대 중소분쟁은 이러한 소련의 태도가 주요인의 하나였다. 인도-중국 관계에서 또 하나 갈등요인이 있는데 중국 공산정권의 폭압통치에 항거하는 티벳인들의 1959년 무장봉기 때 달라이 라마가 인도로 피신해 망명 정부를 수립한 것이다.

중국-소련 사이에는 1969년 만주-연해주 국경 우수리 강의 다만스키 섬에서 무력충돌이 발생했다. 당시 소련은 핵 공격까지 검토한 것으로 알려져 있다. 양국 관계는 1990년 소련의 해체 이후 회복됐다. 양국은 냉전 종식 이후 유일 초강대국이 된 미국의 일방주의에 대처한다는 데 이해를 같이하고 관계를 강화해 왔다. 특히 중국의 시진핑은 2013년 취임하자마자 모스크바를 방문, 푸틴 대통령을 만나는 등 적극적인 모습을 보였으며, 미국의 압력에 대처하기 위한 우군으로서 러시아에 대한 구애는 지속되고 있다. 최근에 양국은 합동군사훈련도 실시해 서방에서는 중국과 러시아가 거의 동맹 수준으로 결속하는 것 아닌가 하는 우려도 있다.

소련은 사회주의권의 종주권에 도전하는 중국을 매우 거칠게 대했으나 소련을 계승한 러시아는 양국 관계 개선을 모색해 2006년에 40여 년 계속된, 4,000킬로미터가 넘는 중국과의 국경 획정 협상을 타결하였고 양측 합의에 따라 러시아는 2008년에 국내 반대여론에도 불구하고 아무르 강에 있는 섬의 일부를 중국 측에 넘겨주었다. 이를 통해 러시아는 중국과의 국경 획정 문제가 일단락되기를 기대했다. 그런데 사우스차이나모닝포스트 7.2자 보도에 따르면 주중 러시아 대사관이 트위터에 올린 블라디보스토크 건설 160주년 기념행사 영상을 보고 중국인들이 격노했다고 한다. 중국 사람들의 19세기 후반 러시아에 '빼앗긴' 땅에 대한 생각이 여전한 것 같다. 러시아와 중국은 미국의 일방주의에 대처한다는 점에서는 이해관계가 일치하나 양국 관계 전반을 보면 동상이몽(同床異夢)이다. 푸틴 대통령은 지난해 말 국민과의 대화에서 '러시아는 중국과 군사동맹을 맺고 있지 않으며 계획도 없다'고 잘라 말했다.

러시아는 올해 초 중국에 대해 미국의 사드와 유사한 S-400을 판매하기로 했으나 현재까지 표면적으로는 코로나 사태를 이유로 거래가 미루어지고 있다. 반면 오랫동안 러시아(소련)산 무기를 수입해온 인도와는 S-400의 판매를 서두르기로 합의했다고 한다. 러시아는 기나긴 국경을 맞대고 있는 중국이 언제든 위협이 될 수 있다고 보고 인도와 중국 사이에 힘의 균형을 유지하려고 하는 것으로 보인다.

중국이 '중국몽'과 '일대일로' 기치 아래 현재와 같이 해양으로 뻗어나가기 위해서는 북방 국경이 평온해야 하는데 빼앗긴 땅을 찾는다고 러시아를 자극하기보다는 원만한 관계를 유지하려고 할 것이다. 한편 미국은 자신에 도전하는 중국에 대해 손을 보겠다는 태세인데 미중 갈등이 무력 충돌로까지 전개된다면 과연 러시아가 어떤 입장을 취할지 궁금해진다. 최근의 미국-인도 전략적 파트너십 포럼에서 미국은 사실상 중국을 견제하는 4자협의체(미국, 인도, 일본, 호주)를 만들 뜻을 밝혔다. 심지어 인도가 러시아에 대해 이런 움직임에 동참을 권유하였다는 이야기도 들린다. 현재로서는 중국에게 우군이 없어 보인다. 격랑이 일고 있는 인도·태평양 국제정치에서 한국은 어떻게 행동하는 것이 국익에 부합하는지 아무쪼록 현명하게 판단하길 기대한다.

* 2020.9.6.《천지일보》

미중 갈등 악화 가능성과 러시아의 선택
(미중 전쟁이 일어나면 러시아는 중국을 도울까?)

중국이 2013년 시진핑의 취임 이후 '일대일로' 기치 아래 공격적인 대외정책을 펴면서 미국의 패권에 도전하자 미국이 강력히 대응함으로써 미중 갈등이 시작되었다. 양국관계는 무역 분쟁에 이어 화웨이 사태, 코로나19 책임론, 상호 외교공관 폐쇄, 중국의 홍콩 보안법 강행, 대만 문제 등으로 악화 일로를 걷고 있다.

특히 지난 8월 미국은 대만과 단교 이후 처음으로 장관급 인사를 대만에 보냄으로써 중국의 일국양제(一國兩制)를 인정하지 않으며 나아가 대만과의 관계 강화, 궁극적으로 대만의 독립을 지지할 수 있다는 신호를 보냈다. 7월에는 폼페이오 장관이 연설에서 중국 공산당을 자유세계를 위협하는 사악한 집단으로 규정하고 중국인들을 위해서도 중국 공산당을 타도해야 한다고 하였다.

한편 남중국해에서는 2010년대 초부터 긴장이 이어져 왔다. 중국이 남중국해를 장악하려는 움직임을 보이자 미국은 항행의 자유를 내세우며 중국의 행동을 견제하고 있다. 지난 8월 26일 미국의 정찰기가 중국이 일방적으로 남중국해에 설정한 비행금지구역에 진입한 데 대해 중국은 중거리 미사일 2발을 발사하였다. 대만 해협에서도 중국 공군기가 자주 위협 비행을 하고 있고 이에 대만과 미국이 맞대응하는 신경전이 벌어지고 있다.

금년 11월 미국 대선에서 누가 대통령이 되든지 미국의 대중 정책에는 변화가 없고, 중국도 시진핑이 물러나기 전까지는 미국에 굴복하기 보다는 장기전을 펼 것으로 보인다. 따라서 양국관계에 있어 긴장은 계속 고조될 것이며 그 시점이 언제일지 예단하기는 어려우나 군사적 충돌 상태로 진입할 가능성도 있다. 군사력을 보면 미국이 우세하며 중국이 먼저 도발하도록 유도하고 있는 것 아닌가 하는 모습도 관찰된다.

2차 대전 이후 미국, 러시아(소련), 중국 세 나라간 양자 관계는 서로 연동되어 왔다. 1991년 소련이 붕괴되자 사실상 미중 반소 연대는 끝나고 러중 화해가 시작되었다. 냉전 종식 이후 현재 러시아와 중국은 미국의 압력에 대처하는 데 있어서는 이해가 일치한다. 하지만 미중 무력충돌이 현실이 되었을 때 러시아가 어떤 입장을 취할 지는 미지수인데, 과연 세계 3대 군사대국인 미러중의 삼각관계가 어떻게 전개될지 전망해 보고자 한다.

미국은 냉전 종식 이후 소련과는 달리 러시아는 글로벌 강국이 아니라 지역강국이라고 간주하면서도 북대서양조약기구(NATO)의 존속과 유지 확대를 위해 세계 공산화라는 목표를 포기한 러시아의 위협을 부풀려왔다. 현실을 보면 소련의 영향 아래 있던 동유럽 국가들과 발틱해 연안 국가들까지 나토 회원국이 되었다. 미러 양국은 중동의 시리아와 남미의 베네수엘라에서 충돌하였으나 심각한 대립으로 발전되지는 않았다. 미러 교역 규모가 미미하므로 미국이 경제적으로 러시아에 대해 압박을 가하는 데는 한계가 있다.

다만 2014년 우크라이나 내전 당시 러시아의 크림반도 병합을 이유로 부분적인 경제제재를 가하고 있는 정도이고 러시아가 유럽에 대한 가스 판매를 확대하는 것을 저지하기 위해 러시아와 독일을 직접 연결하는 발틱 해저 가스관인 노르드 스트림2(Nord stream 2) 공사를 방해하고 있을 뿐이다. 또한 러시아는 미국과 마찬가지로 식량과 에너지를 자급자족할 수 있는 나라이므로 결론적으로 미국이 경제적으로는 러시아인들에게 고통을 주는 것이 거의 불가능하다. 그런데 최근 수년간 트럼프 대통령은 러시아의 G7 복귀를 주장하면서 국제 분쟁의 해결에 있어 러시아의 역할을 거론하였다. 미국의 대러 정책에 근본적인 변화는 없으나 트럼프의 러시아에 대한 긍정적인 관심은 자주 감지된다.

최근 미국이 사실상 대중국 압박 공동전선이라고 할 수 있는 Quad(미국, 일본, 호주, 인도)를 결성하였는데 그 일원인 인도가 러시아에 동참을 요청하였다는 이야기가 있다. 즉 현재 러시아와 미국의 관계는 여러 점에서 대립하고 있는 미국과 중국의 관계와는 전혀 다르며 타협의 여지가 있어 보인다.

러시아와 중국 사이에는 냉전이 끝난 후 정상적인 관계가 회복되었으나 19세기 말 제정 러시아와 청과의 관계에서 비롯된 갈등이 이어지고 있다. 더욱이 양국처럼 국경이 수천 킬로미터에 달하는 큰 나라들이 오랫동안 좋은 관계를 유지한 예는 역사적으로 거의 찾아 볼 수 없다. 러중 양국은 1996년 건설적 파트너십을 맺고 이를 2001년에 전략적 파트너십으로 격상시키고 우호협력조약도 체결하였다. 하지만 러시아는 현재까지 미국의 중국 때리기에 대해 이렇다 할 대응조치를 취한 것이 없으며 단지 러중 정상이 만나면 미국의 압력에 굴복하지 말고 공동 대처하자는 시진핑에 대해 푸틴은 립 서비스를 하고 있을 뿐이다.

푸틴은 지난해 말 국민과의 대화에서 기자의 질문에 '러시아는 중국과 동맹관계가 아니며 그럴 계획도 없다'고 답변한 바 있다. 냉전시대에 사회주의 이념을 공유하였음에도 양국 관계가 원만하지 않았는데 러시아는 1991년 사회주의를 공식 포기하였다. 러시아에는 소련 시절부터 '중국 위협론'이 상존하고 일반 국민들은 중국에 대해 그리 우호적이지 않다. 러시아는 국가적 과제인 극동 러시아 개발을 위하여 외국인투자를 절실히 원하고 있지만 중국 자본의 유입에 대해서는 복잡한 마음으로 바라보고 있다. 러중 밀월 관계는 역사적 그리고 지정학적인 관점에서 볼 때 그 기초가 허약하며, 역사에서 자주 등장하는, 양자 모두에게 위협이 되는 행위자에 대해 함께 대처하기 위한 일시적, 편의적 결속이라 하겠다.

그러면 실제로 미중 사이에 무력충돌이 일어나고 이것이 전쟁으로까지 비화된 상황에 러시아가 어떤 입장을 취할지가 주목된다. 일단 원론적으로 볼 때 러시아가 중국 편에 선다면 미국의 승리를 장담하기 어려울 것이며 미국의 입장에서는 최소한 러시아가 중립을 취하길 바랄 것이다. 물론 미국이 러시아에 대해 이를 강요하기도 어려울 것이다. 왜냐하면 미국이 러시아군을 유럽 쪽에 묶어두려고 하면 나토군을 동원하여야 하는데 미국 자신도 2개의 전쟁을 동시에 치르는 것은 큰 부담이 될 뿐만 아니라 중국 쪽에 군사력을 집중하는 것이 어려워지기 때문이다. 따라서 러시아가 어떤 입장을 취할 것인가는 전적으로 러시아의 이해득실에 대한 자체 판단에 달려 있다고 보인다.

그렇다면 러시아가 판단의 기준으로 삼는 국익은 무엇일까? 러시아가 중국 편에 선다면 중국의 일방적 패배를 막아주는 효과가 있겠으나 러시아도 미국 및 그 동맹국들의 공격으로 상당한 인적, 물적 피해를 보게 되는 반면에 러시아가 얻을 수 있는 이익은 이렇다 할 게 없고 오히려 미국의 공격을 버텨낸 자신감으로 충만한 중국에 직면하게 될 뿐이다. 러시아가 미국 편에 선다면 미국의 일방적 승리로 끝날 가능성이 있고 약간의 전리품을 챙길 수도 있을 것이나, 러시아 내 강한 반미 분위기가 미국 쪽에 가담하는 것에 걸림돌이 될 것이다. 2차 대전 당시 사회주의 소련이 자본주의국가들과 반나치 연합을 구성하였지만 이 경우는 소련이 나치 독일로부터 직접적으로 공격을 받았기 때문에 선택의 여지가 없었다고 본다.

미중 전쟁에서 중국이 러시아를 공격하는 경우가 아니라면 러시아가 적극적으로 미국 편을 들 가능성이 낮다고 본다. 또한 미국 편을 든다고 해도 러미관계가 획기적으로 개선될 가능성이 그리 크지 않다. 미국 입장에서는 유럽에서 자신의 발언권을 유지하고 강화하기 위해서는 현실적이든 가상적이든 러시아의 위협을 상정해야 하기 때문이다. 그렇다면 러시아로서는 어느 편에도 가담하지 않는 것이 손실을 최소화하고 경우에 따라서는 이익을 챙길 수 있는 선택지가 될 가능성이 있다. 일부 전문가들은 미국은 유사시 남중국해에 있는 중국 인공섬 기지를 선제공격하고 중국은 대만을 침공할 가능성이 있는

데 무력출동의 범위가 이 지역에 국한된다면 러시아는 방관자 역할을 할 것으로 보인다.

그런데 미중 무력충돌이 동아시아 전체로 확산된다면 러시아는 다른 계산을 할지도 모른다. 결과적으로는 미국 쪽에 기우는 것이 될 수 있겠으나 지정학적 이해관계에 따라 행동할 가능성도 있다. 역사적으로 러시아는 자연장애물이 거의 없는 거대한 평원에 자리 잡고 있기 때문에 자신의 안전을 위해 가상 적국과의 사이에 되도록 폭넓은 완충지대를 형성하려고 하였다. 이러한 전략적 고려에 따라 주변 작은 나라들을 위성국으로 만들거나 경우에 따라서는 '침공'을 선택하기도 하였다. 2차 대전 후 한반도 북부에 공산정권을 세운 것도 이런 관점에서 설명될 수 있다. 중국과의 4,000킬로미터가 넘는 국경은 매우 불안한 것이다.

러시아는 표면적으로는 중립을 유지하되, 즉 중국에 대해 직접적인 공격은 하지 않지만 이 기회를 이용하여 중국과의 국경지대에 완충지대를 확대하려고 할 것이다. 소련은 1920년대 중국의 혼란기를 틈타 외몽골 지역의 독립운동을 지원하여 중국으로부터 독립된 몽골공화국을 세워 위성국으로 만들었다. 이번에도 그와 유사한 행동을 보일지 모른다. 우선 국경을 맞대고 있는 신장 위구르 자치구가 그 대상이 될 수 있다. 좀 더 나아간다면 중국의 내몽골 자치구에 거주하는 몽골족의 민족주의를 부추겨 몽골공화국과 통합하게 할 수 있을 것이며 만주 지역도 내부적인 호응이 있다면 시도할 지도 모른다.

러시아가 이러한 유혹을 느낄 수 있는 것은 중국과 국경을 맞대고 있는 14개국 가운데 파키스탄 및 북한을 빼고는 모두와 이런저런 이유로 중국과의 사이가 원만하지 않기 때문이다. 그 나라들이 중국의 위세에 숨을 죽이고 있을 뿐이나 중국이 미국과 충돌하는 상황에서 중국은 미국 하나만 상대하기도 벅찰 텐데 동시다발적으로 주변국들이 움직인다면 매우 어려운 상황에 처하게 될 것이다.

러시아가 중국 영토를 점령하는 것이 아니라 중국의 분열을 촉진하여 약화시키는 것에 대해 미국으로서는 반발할 이유가 없다. 장차 중국이 여러 나라로 쪼개질 것이라는 전망이 자주 제기되는데 그 예언이 러시아에 의해 현실이 될 가능성이 있다고 본다. 어느 나라이든 이웃나라가 위협적이기 보다는 다루기 쉬운 상대이길 바라기 마련이다. 러시아로서는 당연히 강한 중국보다는 약한 중국을 바랄 것이다.

* 2020.9.11.《미디어시시비비》

한러 수교 30주년의 해를 돌아본다

한러 수교 30주년인 2020년이 저물어가고 있다. 양국 정상이 2020년을 '한러 상호교류의 해'로 선언하면서 다양한 분야에서 많은 행사가 예정되어 있었다. 이 행사들을 통해 국민의 대러시아 협력에 대한 관심을 높이고, 양자 협력이 획기적으로 발전하는 새로운 모멘텀 형성을 전망했으나 코로나19라는 돌발상황으로 실적이 기대에 미치지는 못했다. 그리고 올 초 푸틴 대통령 연내 방한 이야기가 나왔지만 불가능한 얘기가 되어버렸다.

문 대통령은 2017년 9월, 역대 대통령과는 달리 4강 가운데 러시아를 가장 먼저 방문했다. 블라디보스토크에서 개최된 제3차 동방경제포럼에 참석한 것이다. 이 자리에서 문 대통령은 신북방정책을 천명했고 가스, 철도, 항만, 전력, 북극항로, 조선, 농업, 수산, 일자리 등 소위 9개 다리(nine-bridge) 전략과 관련해 동시다발적 협력사업을 추진하겠다고 밝혔다.

그중에서 철도 및 전력망 연결, 가스관 건설 등 북한이 포함되는 삼각협력사업은 유엔 안보리 대북 제재로 현실적으로 추진하기가 어려웠으나 한러 양자 협력 분야에서는 어느 정도 성과가 있었다. 구체적으로 수산물류가공복합단지 건설, 극동지역 공항 인프라 개선, 혁신 플랫폼 구축, ICT 분야 협력, 한러 서비스·투자 FTA, 소재·부품·장비 가치사슬 구축을 위한 공동펀드 조성, 항만 개발(슬라뱐스카야, 뽀디아뽈스키 등), 연해주 산업단지 조성과 같은 사업들이 현재 협의 중이거나 추진되고 있다.

한러 수교 30주년을 맞이하여 양국 정부는 작년에 '기념사업 준비위원회'를 구성해 다양한 행사를 준비했지만 코로나 팬데믹 때문에 실행된 것은 많지 않다. 한국 측은 160개 사업 중 46개 사업을 완료했고 15개 사업이 진행중이다. 러시아 측은 180여개 사업 중 28개 사업을 마쳤고 4개 사업이 진행중이다.

행사 개최가 당초 목표에 미치지 못한 데 대해 지난 10월 홍남기 부총리와 트루트네프 부총리는 화상회의를 통해 수교 기념행사 기간을 내년까지로 1년 연장하기로 했다. 또한 양국 간 경제협력 의지를 이어가고 협력사업의 이행상황을 점검하기 위한 9개 다리(nine-bridge) 행동계획2.0에 서명했다.

그간 한러 경제협력을 추진하는 데 근본적인 걸림돌은 국민적 관심이 저조했다는 점이다. 2014년 1월 비자면제협정의 발효 이후 양국 간 인적교류는 2013년 18만 명에서 2019년 80만 명으로 비약적으로 늘어났다. 최근 수년간 민간부문에서 유라시아21, 유라시아경제인협회, 크라스키노 포럼, 유라시아협력센터 등 한러 간 협력 분위기를 조성하는 데 기여하는 여러 단체가 만들어졌다.

2018년에는 외교부의 지원을 받아 양국 지방자치단체 간 협력체인 '한러 지방협력포럼'이 발족돼 운영되고 있으며, 러시아 뉴스만 다루는 인터넷신문도 여럿 생겨났다. 그동안 대기업만 가능했던 기술협력 분야는 최근 정부 차원의 지원 인프라가 구축되어 중소기업도 러시아 원천기술 상용화 사업을 할 수 있게 되었다. 그리고 '유라스텍'이라는 상업적인 베이스로 양국 기업 간 기술거래를 알선해주는 회사도 등장했다.

또한 외교부가 2018년부터 주관해 운영하고 있는 '신북방 미래 청년개척단' 프로젝트는 청년들의 러시아 시장에 대한 도전정신을 북돋우고 있다는 점에서 평가할 만하다. 이 사업은 러시아 극동지역을 대상으로 시작되어 수교 30주년을 맞은 올해 러시아 전역으로 확대되었는데, 러시아 진출을 희망하는 청년들의 창의적인 사업 구상을 발굴해 지원하는 창업 보육사업이다.

이 사업에 대한 러시아측의 호응과 관심도 높은 편이어서 주한 러시아 대사관, 러시아 무역대표부, 러시아 기업 및 언론사 국내 지사 등 한국 내 러시아 커뮤니티의 대다수가 개척단을 위한 멘토링에 참여하고 있으며, 미래 중추세대가 될 청년들의 참여 열기도 상당하다고 한다.

이제 우리 사회에서 대러 협력 모색 분위기가 점차 살아나고 기업에 대한 지원 인프라도 하나둘 갖춰지고 있어 앞으로 코로나 팬데믹의 먹구름이 걷히는 대로 여러 곳에서 낭보가 들리길 기대해본다. 우윤근 전 주러시아 대사가 이달 중 대통령 특사로 모스크바를 방문한다고 하는데 양국 간 협력에 유익한 방문이 되길 바란다.

* 2020.12.11. 《내일신문》

대한제국 이범진 주러시아 공사의 순국을 추모하며

지금으로부터 110년 전인 1911년 1월 13일 정오 이범진 대한제국 주러시아 공사가 60세 나이에 망국의 한을 품고 상트페테르부르크 자택에서 목을 매어 자결했다. 1899년 러시아에 부임한 그는 일본이 러일전쟁에서 승리하고 1905년 11월 대한제국과 일본 간에 을사늑약이 체결돼 대한제국이 외교권을 뺏기고 러시아 내 대한제국 공관이 폐쇄됐음에도 임지를 떠나지 않고 러시아 정부를 상대로 일본의 강압적 조치에 항의하는 노력을 기울였다. 이어 그는 고종 황제의 헤이그 만국평화회의에의 밀사(이상설, 이준, 이위종) 파견에서 역할을 수행했으며, 연해주 동포들의 독립운동단체인 동의회를 지원했다.

당시 상트페테르부르크에서 함께 살고 있던 그의 아들 이위종은 통역으로 밀사단에 합류해 헤이그 현지에서 을사늑약의 부당함을 각국 언론에 설득력 있게 호소했다. 이범진 공사는 고종 황제 앞 유서에서 "우리 나라 조선은 죽었습니다. 폐하께서는 모든 권리를 빼앗기셨습니다. 소인은 적에게 복수할 수도, 적을 응징할 수도 없는 무력한 상황에 처해 있고 자살 외에는 아무것도 할 수 없습니다. 소인은 오늘

목숨을 끊으렵니다"라고 했다. 망국의 외교관이 느끼는 비통함과 절망감이 절절한 유언이었다.

그는 고종의 소위 아관파천 시기에 내각을 이끈 친러 인사로서 대한제국의 독립을 보전하는 데 러시아의 도움을 받을 수 있다고 판단하고 주러시아 공사로서 대한제국과 러시아의 관계를 강화하고 대한제국과 관련한 문제에 있어 러시아의 역할과 비중을 높이는 데 힘썼다. 그는 러일 전쟁에서 러시아가 패배한 이후에도 그러한 입장을 지켜나갔다. 그러한 입장에서 그는 생을 마감할 때까지 일본과 결코 타협하지 않는 일본의 적이었다. 일본은 1904년 2월 러일 전쟁 발발 직후 대한제국 정부에 친러 인사인 그를 소환할 것을 요구해 대한제국 정부는 9월 그를 면직시켰다. 하지만 그는 고종황제의 밀지에 따라 귀국하지 않았으며, 이에 따라 주러시아 일본 공사관은 그가 귀국하도록 여러 방법을 시도했으나 결국 실패했다.

1906년 초 공사관의 공식 폐쇄 이후 어려운 생활을 이어가던 그에게 러시아 황제와 정부의 후의는 큰 도움이 됐다. 결국 그의 유해는 조국으로 돌아오지 못하고 러시아 땅에 묻혔다. 2002년 7월 한러 친선 특급열차 행사(블라디보스토크- 상트페테르부르크)시 마무리 프로그램으로서 상트페테르부르크 우스펜스키 공동묘원에서 이범진 공사의 추모비 제막식이 거행됐다. 한러 양국은 그간 함께 이범진 공사 묘소를 찾으려는 노력을 기울였으나 성과를 거두지 못해 매장 추정 묘역에 한국 외교부가 준비해 간 추모비를 세웠다.

이범진 공사는 1876년 개항 이후 청나라와 일본이 조선에 대해 강압적인 태도를 보임에 따라 상대적으로 러시아를 덜 위협적인 존재로 이해하고 러시아에 의지하려는 생각을 갖게 된 것으로 보인다. 일본은 1894년 청일전쟁에서 이겨 청나라와 조선과의 관계를 끊고 1902년 당시 러시아 견제가 대외정책의 기조였던 영국과 동맹조약을 체결하고 러일 전쟁을 통해 러시아 역시 한반도에서 배제시킴으로써 한반도를 둘러싼 열국 간 경쟁에서 최종 승자가 됐다.

오늘날 한반도 상황은 어떤가? 외세의 지배를 받고 있지는 않지만 민족이 두 개 국가로 분단돼 있어 현재 대한민국의 생존을 위협하는 주적은 일차적으로 북한의 김씨 세습정권이고 외세로 본다면 북한과 동맹관계인 중화인민공화국이다. 그런데 우리 국민 상당수는 과거지향적인 문재인 정부가 오도한 탓인지 일본에 대한 경계심은 과도한 반면 중국에 대해서는 심리적으로 거의 무방비상태인 것 같아 우려를 금할 수가 없다.

중국은 남북한 간에 전쟁에 이르지 않을 정도의 긴장관계가 유지되도록 남북한에 대해 이한제한(以韓制韓) 정책을 펴면서 대한민국을 만만하게 보고 길들이려 하고 있고 현 정부는 이에 순응하고 있지 않은가? 반면에 동맹국인 미국에 대해 정부는 북한과 민족공조를 위해 잘 해보려 하는데 왜 협조하지 않는가 식의 태도를 보이고 있다.

이러한 상황에서 러시아가 우리에게 갖는 의미는 무엇일까? 러시아는 주변 나라들 가운데 진정으로 남북통일에 대해 호의적인 유일한 나라가 아닐까? 선(善)한 외세를 상정하고자 하는 것이 아니라 러시아의 국익에 비추어 그렇다는 이야기이다. 또한 우리의 잠재적 적인 중국을 견제할 수 있는 세력으로서 미국과 함께 러시아를 고려할 필요도 있다고 본다. 이범진 공사는 나라가 풍전등화의 위기에 처한 상황에서 고민하고 고민해 러시아를 원군으로 삼은 것이 아니었을까?

* 2021.1.17.《천지일보》

'나발니 사태' 푸틴 퇴진 운동으로 이어질까?

야권 지도자 나발니 구속을 둘러싼 러시아내 기류가 심상치 않다. 나발니는 지난해 8월 러시아 국내선 항공기 안에서 독극물 투입 증세로 쓰러진 후 그간 독일 병원에서 치료를 받고 1월 17일 돌아왔지만 귀국 직후 구속되었다. 그의 구속에 항의하는 시위가 2주 넘게 계속되고, 모스크바와 상트페테르부르크는 물론 전국 주요 도시로 확대돼 사태가 어떻게 전개될지 세계가 주목하고 있다.

이번 시위 사태는 나발니측에서 소위 '푸틴의 궁전'이라고 주장하는 영상을 공개함으로써 악화되었다. 이 폭로로 드러난 집권세력의 부패상이 국민을 자극했다. 문제의 '궁전'에 있다고 하는 화장실 황금세척솔이 시위의 상징이 되었다. 게다가 SNS를 통해 반정부 정보 확산의 속도가 더욱 빨라지고 있다.

러시아 전문가들은 코로나 사태로 인한 경제상황 악화, 장기집권에 대한 거부감, 기득권층에 대한 상대적 박탈감 등 여러 불만 요인이 쌓여오다가 나발니 구속을 계기로 한꺼번에 표출된 것으로 보고 있다.

푸틴정부는 유례없이 전국적 호응을 얻고 있는 이번 시위 사태에 당혹해하는 것 같다. 러시아 정부는 시위를 불법으로 규정하고 경찰력을 동원해 강경대응하고 있으며, 상당수 시위참가자들을 체포했다. 또한 '모스크바의 메아리'(Эхо Москвы)' 방송이 시위를 선동했다며 제재를 검토하는 등 언론 통제를 강화하고 있다. 뿐만 아니라 시위대의 가장 큰 무기인 SNS를 무력화하기 위해 2월 1일부터 SNS 계정 관리자로 하여금 게시된 불법 콘텐츠들을 차단하도록 하는 법이 시행중이다.

미국, 영국, 유럽연합 등 서방국가들은 시위에 대한 강경진압을 비난하면서 나발니의 즉각적인 석방을 요구하고 있다. 러시아 주재 서방 외교관들은 소위 러시아 민주주의를 지원한다는 명목으로 어떤 행태로든 이번 시위에 개입하고 있는 것으로 보인다. 며칠 전 러시아 정부는 나발니가 영국 외교관과 만나는 동영상을 공개했다. 늘 그래 왔듯이 서방 언론들이 이번 시위 사태를 대대적으로 보도하고 있고 국내 언론은 이를 따르고 있다.

나발니가 푸틴에 대해 과연 정치적 위협이 될 것인가에 대해 러시아 내에서는 부정적인 견해가 우세하다. 40대의 나발니는 그간 집권세력의 부패와 정경유착을 폭로하고 민주화 시위를 주도해왔다. 2013년 모스크바 시장 선거에 출마해 27.2%를 득표하며 돌풍을 일으켰다. 그는 2018년 대선에도 출마하였는데 러시아 선거관리위원회가 '횡령죄' 유죄판결(징역 3년 6개월 집행유예 5년)을 이유로 출마자격을 박탈했다.

최근 항의 시위가 확산되면서 그에 대한 지지가 더욱 높아지고 있으나 현재로서는 푸틴의 대안으로 부상했다고 보기는 어렵다. 다만 코로나 사태로 러시아의 기업 중 20% 정도가 폐업할 정도로 악화된 경제상황과 서방의 지원 등을 고려하면 그의 정치인으로서 무게감이 커질 가능성은 있다.

푸틴 대통령에 대한 국민의 지지나 신뢰도는 이미 그가 3선에 도전한 2012년부터 하향세에 들어갔다. '나발니 사태'로 그러한 추세가 가속화될 전망이다. 아무리 성공적인 대통령일지라도 국민들 사이에 장기집권에 대한 피로감 내지 거부감이 자연스럽게 생기는 법이다. 그간 푸틴에 대한 신뢰도가 하향세임에도 불구하고 국정수행 긍정평가는 상대적으로 높은 수준을 유지했고 결정적인 실정(失政)도 없기 때문에 그의 퇴진이 거론된 적도 없었다. 지난해 7월 사실상 2036년까지 푸틴의 집권을 가능하게 하는 헌법 개정이 이루어졌으나 당시 이렇다 할 반대 시위도 없었다.

2월 2일 모스크바시 법원은 나발니에 대해 집행유예를 취소하고 당초의 3년 6개월 형을 확정했다. 현재로서는 푸틴 대통령이 사면하지 않는 한 나발니가 석방될 가능성은 없다. 이로 인해 러시아 내 항의시위는 물론 서방국가들의 압력도 계속될 것으로 보인다.

이번 사태가 본격적인 푸틴 퇴진 운동으로까지 비화되는 것을 막으려면 유연한 대처가 필요해 보인다. 대중정치가로서 경력 없이 옐친 대통령에 의해 후계자로 선택된 푸틴이 분노한 국민들을 달랠 수 있는 정치적 역량을 발휘할지 주목된다.

* 2021.2.5.《내일신문》

최근 러시아 외교장관의 방한 보도 관련 유감

라브로프 러시아 외교장관이 8년 만에 지난 23~25일 방한했다. 주요일정은 '한러 상호교류의 해' 개막식 참석과 외교장관 회담이었다. 그런데 라브로프 장관이 중국을 들러서 방한했고 그 시점이 공교롭게도 한미 외교장관의 서울회담과 미중 고위외교당국자의 알래스카 회담 직후이었다. 이런 상황 때문인지 국내 언론은 한러 양자관계 보다는 주로 미중 '신냉전'으로 인한 진영 대립이라는 관점에서 보도했다. 한러 수교 30주년 기념행사를 계기로 한러 협력에 대해 관심을 제고할 수 있는 기회를 그냥 지나쳐버린 것이 안타깝다.

2018년 6월 한러 정상회담에서 양국은 수교 30주년이 되는 2020년을 '한러 상호교류의 해'로 선포하고 기념사업을 추진하기로 합의했다. 한러 양측은 정치·경제·문화 등 여러 분야에 걸쳐 양국 수도와 주요 지방도시에서 다양한 행사를 개최할 예정이었다. 하지만 코로나 19 사태로 많은 행사가 연기되면서 작년 6월 양측은 기념행사 추진 기한을 2021년까지로 연장했다. 이에 따라 당초 2020년 3월로 예정됐던 러시아 외교장관이 참석하는 기념행사 개막식이 이번에 개최된 것이다.

이번 외교장관 회담에서 양측은 한반도 및 동북아 정세에 대해 의견을 교환하고, 양자 협력사업 현황을 점검했으며 코로나19 상황이 안정되는 대로 푸틴 대통령의 방한이 조기 실현될 수 있도록 함께 노력하기로 했다. 한러 협력은 현재 러시아의 신동방정책과 우리의 신북방정책의 접점인 '9개 다리(nine-Bridge)' 사업을 핵심 축으로 하고 있다. 양국은 소재, 부품 및 장비 산업을 육성하기 위해 10억 달러 규모 공동투자펀드 조성을 추진하고 있다. 그리고 서비스·투자 분야 FTA 협상이 진행 중이며, 러시아 북극 지역 경제 특구에서의 투자 협력방안도 논의되고 있다. 또한 중소제조업의 러시아 진출 발판이 될 연해주 산업단지를 조성하고 있다. 조선분야에서는 최근 2년간 LNG 쇄빙선 5척 공동건조 및 LNG 환적설비 2척 수주 등 협력이 활발하다. 러시아의 기초·원천기술과 한국의 응용기술의 교류를 촉진하기 위한 혁신 플랫폼도 구축됐다. 끝으로 이번 회담에서 라브로프 장관은 K-방역의 성과를 높이 평가하고 러시아가 개발한 백신 '스푸트니크 V'가 한국에서 위탁 생산돼 전 세계에 공급되고 있음을 강조했다.

하지만 국내 언론은 수교 30주년 기념행사나 양자 협력에 대해서는 별로 관심을 보이지 않았다. "숨 가쁜 한반도 주변 외교전" "중러 연대 강화 속 북핵 논의 주목" "중국서 '반미공조' 과시한 러 외무, 한국선 어떤 메시지?" "중러 밀착 속 러시아 외무장관, '약한 고리' 韓 공략할까" 등 기사 제목이 보여 주듯이 한러 양자 관계는 제쳐 놓고 미중 갈등과 북핵 문제와 관련해서만 관심을 보였다. 하지만 이번 라브로프 장관의 방한은 미중 갈등 상황과는 무관하게 한러 양국의 우의를 증진하고 양자 협력을 강화하기 위해 이미 정해진 일정대로 이루어진 것이다. 라브로프 장관은 청와대 예방을 요청하지도 않았고 러시아 외교부 내 한반도 및 북핵 문제를 담당하는 마르굴로프 차관이 동행하지 않은 것을 보면 이번 방한은 수교 30주년 기념행사 개막식 참석을 위한 것임이 분명하다.

라브로프 장관은 중국에서 왕이 외교부장의 대미 강경발언에 장단을 맞춰 주었으나 서울에서는 이렇다 하게 미국에 대한 메시지를 내놓은 것이 없었다. 동북아 안보 문제에 관해 "모든 관련국이 군비경쟁과 모든 종류의 군사 활동의 강화를 포기해야 한다" 그리고 "역내 문제를 해결하기 위해 모든 관련국 간 협상 프로세스가 가능한 빨리 재개돼야 한다"는 원론적 발언을 했을 뿐이다. 미국의 반중 연대 추진과 관련해 한국에 대한 견제로 해석될 만한 발언도 없었다. 하지만 국내 매체들이 한반도를 둘러싼 주변 강국들의 외교전이라는 틀을 정해놓고 보도하다 보니 한러 양자관계는 거의 주목을 받지 못했다. 심지어 "이 와중에…… 러 외교장관과 회담하는 韓" "바이든, 반중 전선 강화하는데/中과 밀착하는 러시아와 만나" 등 어처구니없는 제목의 기사도 있었다. 국내 언론의 금번 라브로프 장관의 방한 보도를 보면서 우리 언론의 한러 협력에 대한 무관심, 러시아에 대한 이해 부족, 러중관계의 실상에 대한 오해 등이 재확인돼 실망을 금할 수 없었다. 이러한 요인들 때문에 향후 우리 외교의 중차대한 시점에 상황 또는 정세 판단을 그르칠 수도 있다.

* 2021.4.4.《천지일보》

미중 갈등 격화와 러시아의 선택

미국과 중국의 대립이 갈수록 심해지고 있다. 지난 3월 미국 알래스카 미중대화가 보여주듯이 바이든행정부에 들어와 미국은 중국의 도전에 대해 더욱 거세게 대응하고 있다.

미국은 유럽 및 인도-태평양 지역 동맹국들을 규합해 반중 연합전선을 구축하고 중국에 대한 압박을 강화하는 중이다. 중국이 남중국해와 대만해협에서 지속적으로 군사행동을 취하는 것에 맞대응을 하고 있는 만큼 무력충돌 가능성도 없지 않다.

중국은 자신들이 미국의 요구를 수용하더라도 미국은 압박을 거두지 않을 것이며 중국이 더 부상하기 전에 손을 보기 위해 현재 명분과 구실을 찾고 있다고 본다. 실제로 미국은 이미 중국 공산당 지배체제의 종식을 공언한 바 있다. 과거 소련은 정치적 군사적으로, 일본은 경제적으로 미국의 패권에 도전한 적이 있지만 중국의 도전은 전방위적이어서 미국은 중국을 더 심각한 위협으로 받아들인다.

이러한 갈등에서 미국이 압도적 우위에 있다고 단정하기는 어렵다. 미국의 동맹국들은 정도의 차이는 있지만 대부분 중국과 경제적으로 밀접한 관계를 맺고 있기 때문이다. 반중전선이 견고해지기 어려운 측면이 있다는 얘기다.

또한 미국이 세계경제에서 차지하는 비중은 점차 하락하고 있다. 2020년 중국 GDP는 미국의 70%를 넘어섰다. 영국 경제경영연구소(CEBR)는 2028년 중국경제가 세계 최대가 될 것으로 예상하기도 했다. 거대한 국내시장 규모를 고려할 때 미국이 중국의 경제성장 속도를 늦출 수는 있겠으나 상승세 자체를 꺾기는 어려워 보인다.

그런데 미국의 예민한 반응에도 불구하고 중국이 남중국해와 대만해협에서 지속해서 군사행동을 전개할 수 있는 것은 현재 서북방면 즉 러시아로부터의 위협이 없기 때문이다. 그리고 군사력에서 중국이 미국에 열세인 것은 사실이나 무력충돌이 일어나는 경우, 만일 첨단무기를 갖춘 러시아의 군사력이 가세한다면 미국은 승리를 장담하기 어려울 것이다.

중국은 미국의 압박에 대처하는 데 있어 러시아의 지원을 확보하기 위해 정치·경제·군사 등 여러 분야에서 제휴를 강화해왔다. 러시아도 미국으로부터 지속적인 압박을 받고 있는 만큼 공동대응 차원에서 중국과 밀착하는 경향을 보이고 있다. 앞으로 미중 패권경쟁에서 커다란 변수인 러중관계가 어느 수준까지 발전하느냐 하는 문제는 러시아와 미국의 관계에 달려 있다고 하겠다.

미국은 러시아를 과거 소련과 같은 글로벌 파워가 아니라 지역 강국으로 간주한다. 그러는 한편 유럽 국가들에게는 러시아의 군사적 위협을 강조하고 러시아를 고립시키는 이중적 태도를 취해왔다. 독일 통일협상 당시 미국은 러시아에 북대서양조약기구(NATO)가 동부 유럽으로 확장되지 않을 것이라고 여러차례 다짐했으나 계속 동진해 현재 나토와 러시아 사이에는 우크라이나와 벨라루스 두 나라만 남았다.

또한 미국은 러시아를 대등한 파트너로 보지 않고 탄도탄요격 유도탄협정(ABM), 중거리핵전력조약(INF) 등 각종 군축조약을 폐기해 버렸다. 또 러시아를 겨냥해 미사일방어시스템(MD)을 배치했다. 바이든행정부 출범 직후, 2010년 전략무기감축협정(New START) 연장에 동의해 타협 가능성을 시사했으나 미국은 그간의 쟁점 사안들에 대해 여전히 단호한 입장이다. 미국은 2014년 우크라이나 내전 당시 러시아가 러시아계 주민 보호를 명분으로 크림반도를 합병하자 경제 제재를 취해 러시아 경제에 상당한 타격을 주었다.

그리고 당초 2019년 말 완공 예정이었고 현재 90% 이상 진척된 러시아와 독일을 잇는 발트 해저 가스관인 노르드 스트림2(Nord Stream 2) 부설 공사와 관련해 공사 참여 기업들을 제재하는 등 공사 완공을 막고 있다. 미국은 러시아가 유럽에 천연가스 공급을 늘리게 되면 유럽의 에너지 안보에 심각한 위협이 된다고 주장한다. 하지만 사실은 러시아의 PNG에 비해 미국의 LNG가 경쟁력이 떨어지는 것을 우려하고 있다.

또한 미국은 러시아의 반정부 단체에 대한 억압 및 인권 문제를 지속해서 제기한다. 최근에는 반정부 인사 나발니에 대한 테러 및 구금이 쟁점이 되고 있는데 바이든 대통령은 취임 후 미국 방송사 인터뷰에서 푸틴 대통령을 '살인자'라고 부르기까지 했다.

다만 러시아 경제 현대화의 핵심 파트너인 유럽연합은 미국에 동조해 취한 대러시아 제재의 영향으로 러시아에 대한 서방의 경제적 영향력은 줄어드는 반면 러시아의 중국 자본과 기술에 대한 의존도는 커지고 있는 것에 주목한다. 이러한 추세가 지속할 경우 앞으로 세계에서 가장 큰 경제·군사동맹이 출현할 수 있다고 우려하는 것이다.

2014년 우크라이나 내전과 관련해 대러시아 제재를 취할 때 유럽 국가들은 러시아가 서구의 시장과 금융기관에 크게 의존하고 있고 중국을 두려워하고 불신하므로 중국 쪽으로 기울 가능성은 낮다고 보았다. 현재 유럽연합은 대러시아 정책을 재검토하려고 하지만 대러 제재 발동의 명분이었던 우크라이나 내전 및 러시아의 인권상황에 달라진 것이 없어 정책변화가 그리 쉽지 않다.

미국 일부에서도 미중 갈등 심화 속에 러시아에 대한 과도한 압박은 러중 밀착을 초래할 수 있으므로 대러 정책의 전환 필요성을 제기하고 있으나 당장 큰 변화를 기대하기는 어렵다.

그런데 최근 상황은 우크라이나 정부군이 2015년 민스크 휴전 합의에도 불구하고 동부 친러 반군 지역에 대한 대규모 공세를 준비하고 있고 이에 대응해 러시아도 국경지대에 병력을 증강해 오히려 러시아와 서방관계가 더 악화할 가능성이 있다.

러시아는 방위산업과 우주항공 분야에서 여전히 중국에 비해 우위에 있다. 그러나 현재와 같은 양국의 교역 및 투자 추세가 이어진다면 중장기적으로 중국의 자본과 기술에 종속될 수도 있다. 그렇게 되면 러시아는 비경제적 이슈에서도 중국의 영향력 아래에 놓일 가능성이 크다. 또한 러시아는 중앙아시아 국가들에 대한 영향력을 상실하게 되어 러시아가 주도하는 유라시아경제연합은 유명무실해질 수 있다.

러시아는 이러한 중국과의 비대칭적 협력관계의 위험성을 인식하고 내부적으로 경제구조 개혁을 서둘러 균형을 잡으려 할 것이나 미국 등 서방의 제재가 해제되지 않으면 쉽지 않아 보인다.

미중대립 상황에서 중국 쪽에 힘을 보태면 중국으로부터 보답을 받는 동시에 제재 효과를 줄일 수 있으나 장기적으로 미국의 전면적 압박을 견디기 힘든 것이 현실이다. 지난 3월 왕이 부장과의 회담에서 라브로프 장관이 러시아와 중국이 미국 달러와 서방 결제시스템에 대한 의존을 줄여야 한다고 촉구한 것은 이런 맥락에서 이해할 수 있다.

러시아에는 오래전부터 '중국위협론'이 자리잡고 있었다. 지정학상 이웃한 거대한 두 국가가 원만한 관계를 유지하는 것은 어려우며 19세기 이후만 보더라도 러중관계에는 갈등이 더 많았다. 냉전 시절 이념을 공유했음에도 불구하고 양국 관계가 좋았던 기간은 그리 길지 않았다.

중국과의 관계는 소련의 몰락 이후 비로소 회복되었고 2001년 전략적 동반자 관계로 발전했다. 러시아에서는 현재와 같은 러중관계를 '제휴'(entente)라고 부르고 있다. 그러한 관계가 '동맹'(alliance)으로 발전할지는 예단하기 어렵다.

중국 시대(Pax Sinica)의 도래에 러시아는 중국에 멍석을 깔아주고 들러리가 될 것인가? 이는 서방의 대러 전략 변화와 러시아의 내부 요인에 달려 있다.

러중 양국이 공식적으로는 군사동맹 관계 수립 가능성을 부인하지만 작년 말 푸틴 대통령은 러시아를 압박하는 서방에 대해 최악의 시나리오를 시사하기도 했다. 중국의 부상은 러시아에게도 전략적 결정을 요구하고 있다. * 2021.4.15.《내일신문》

"러시아 지렛대 삼는 대북 카드 써야…
러시아 백신도 검토"

"중국이 한반도 통일을 원할까요? 그럴 리가 없습니다. 대북정책의 지렛대는 중국이 아닌 한반도 통일을 원하는 러시아가 돼야 합니다."

박병환 전 주러시아 공사가 중국 의존도가 높은 정부의 대북정책에 쓴소리를 뱉었다. 러시아에서 11년간 외교관으로 일한 그는 언뜻 친러 인사로 보였다. 하지만 그 내면에는 한반도의 지정학적 특수성에 대한 염려와 북한과 중국의 속내를 간파한 혜안이 있었다.

30일 박병환 전 공사를 만나 최근 러시아 스푸트니크 V 백신에 대한 갑론을박과 나발니 독살 등 러시아 이슈와 함께 우리 정부의 러시아 외교정책 전반에 관해 질문했다.

- 러시아를 대북정책의 지렛대로 삼아야 하는 이유는.

유라시아 철도, 가스관 설치, 전력망 구축 등 남북한 합작사업이 진행되면 러시아 경제에 엄청난 이득이 된다. 과거가 어쨌든 경제적 이유로 러시아는 한반도가 통일되기를 원하고 있다. 남북냉전 국면 때문에 이런 사업이 멈춰 있는 것을 가장 안타깝게 여기는 나라가 러시아다. 또 러시아는 막강한 군사력과 기술력이 있다. 러시아가 중국을 견제하면 중국도 지금처럼 큰소리치기 어렵다. 중국과 러시아가 밀착하는 것 같지만 실상은 동상이몽이다. 러시아를 흔들려는 서방세력에 푸틴 대통령이 맞서고 있기 때문에 그렇게 보일 뿐 결코 같은 노선을 갈 수 없다. 북한 정권의 산파 역할을 한 것은 중국이 아닌 소련이라는 점을 알아야 한다. 이런 이유로 대북정책에 지렛대로 삼아야 하는 나라는 중국이 아닌 러시아여야 한다.

- 중국을 대북정책 지렛대로 삼으면 안 되는 이유는.

막강한 하이테크 기술에 핵무기까지 보유한 통일 한반도는 중국에 위협이 된다. 그렇다고 전쟁이 일어나면 중국의 해로와 상공이 막혀 중국 경제에 치명적이라 한반도 전쟁을 원하는 것도 아니다. 중국이 가장 원하는 것은 남북한이 적당한 긴장 상태를 유지하는 것이다. 그래야 남한 북한을 다 적당히 이용할 수 있다. 이런 입장에 있는 중국을 지렛대로 삼으면 이래저래 이용만 당하기 쉽다. 만약 북한 김정은 정권이 무너진다든지 급변사태가 일어나면 중국은 즉시 북한으로 군대를 보내 평양에 중국의 꼭두각시 정권을 세우려 할 것이다. 이러한 사태를 막을 수 있는 나라는 러시아뿐이라고 생각한다.

- 대중 수출 비중이 매우 높아 문재인 정부는 친중 정책을 지향한다.

대중 수출 비중이 높기 때문에 친중 정책을 펼 것이 아니라 수출시장을 다변화해서 중국 의존도를 빠르게 줄여 나가야 한다. 그래야만 우리 경제에 대한 리스크가 줄어든다. 중국 의존도가 높으니 중국과 함께 가겠다는 친중 정책은 앞으로 우리 경제에 큰 리스크를 낳고 중국에 휘둘릴 소지를 자초하는 것이다. 이런 측면에서도 러시아는 매력적인 나라다.

- 최근 스푸트니크 V 백신 도입을 검토하라는 대통령 지시에 갑론을박이 있다.

백신은 다양하게 검토할수록 우리에게 유리하다. 백신 판매는 엄청난 비즈니스다. 스푸트니크V에 대한 일부 유럽의 비판은 자국 백신을 판매하려는 공작일 수도 있다. 국내에서 이재명 경기지사와 정세균 전 총리 입장이 다른 데 정치적 발언이라고 본다. 다양한 백신을 검토할수록 우리에겐 경제적으로 이득일 수밖에 없다. 또 국민 보건 입장에서 안전성이 검증된 백신을 빠르게 도입할 수 있다면 러시아 백신을 배제할 이유가 없다고 본다.

- 최근 나발니 독살 시도의 배후로 푸틴 대통령이 지목되고 있다.

솔직히 나발니가 푸틴의 정적감이 되지 않는데, 푸틴 대통령이 그를 독살시키려고 했을까 의문스럽다. 나발니를 김대중 전 대통령과 비교하는 견해도 있는데 당시 야권의 절대적 지지를 받았던 김 전 대통령과 일부 젊은 층의 지지를 받을 뿐이고 야권 지도자 중 한명인 나발니를 비교하는 것은 부적절하다고 본다.

- 서방에서 나발니 수감을 이유로 '인권 문제'를 거론하며 푸틴을 압박한다.

인권 문제는 서방국가가 전통적으로 특정국가를 압박하는 수단이다. 러시아 관련 국내 보도의 가장 큰 맹점은 현지 상황을 아는 기자들이 거의 없다는 것이다. 우리 언론은 서방 언론이 보도한 것을 그대로 인용 보도한다. 푸틴이 통치하는 러시아는 과거 소련 붕괴 직후 옐친 대통령 당시 러시아처럼 호락호락하지 않다. 서방국가는 이런 데 불편을 느끼고 있고 푸틴이 물러나길 바라고 있다. 이런 정치적 계산이 나발니 사건을 계기로 묻어 나오고 있는데 그대로 인용보도하는 것은 주의해야 한다.

- 러시아에서 한국에 대한 호감도는.

러시아 학자 중에 극동지역에 한국인(남한, 북한)이 와서 정착해야만 발전할 수 있다는 연구결과를 발표한 사람이 있다. 그 이유로 중국인들은 법을 잘 안 지키고 집단주의가 강한 반면 한국인들은 법을 잘 지키고 머리도 뛰어나고 주변에 해도 끼치지 않고 잘 융화하는 민족성을 들었다. 여기에 한류열풍으로 한국에 대한 호감도가 상승하고 있다. 또 한국산 식품과 전자제품도 큰 인기를 끌고 있다.

- 한국인을 좋아하는 이유가 있나.

연해주에 살던 수많은 고려인이 1930년대 당시 소련의 중앙아시아 지역으로 강제 이주를 당해 많은 고초를 겪었다. 하지만 한민족 특유의 부지런함과 영특함으로 러시아 지도급 인사들이 많이 배출됐다. 한민족의 우수성을 러시아인들이 다 인정한다. 반면 현재 극동시베리아지역 인구의 약 10%가 중국인이라는 주장도 있는데 러시아는 인구가 희소한 이 지역이 중국인들에 의해 잠식될까봐 중국인이 늘어나는 것을 우려하고 있다.

* 2021.4.30.《천지일보》

우주산업 발전과 한러 협력

　한국은 2013년 1월 30일 전남 고흥반도 우주센터에서 나로호를 성공적으로 발사함으로써 11번째 우주클럽(자국 우주기지에서 자체 기술로 개발한 로켓을 성공적으로 발사한 나라들) 국가가 되었다. 우주클럽 국가들을 발사 순서로 보면 러시아, 미국, 프랑스, 일본, 중국, 영국, 인도, 이스라엘, 이란, 북한인데, 선발국들은 이미 달 탐사와 화성 탐사에 더해 심(深)우주 탐사 프로그램도 추진하고 있어 선발-후발 국가 간 격차가 매우 크다.

　우주산업은 크게 보아 발사체 및 인공위성 개발과 우주탐사의 두 분야로 나뉜다. 한국은 인공위성 제작에서는 상당한 경쟁력을 보유하고 있으나 발사체 개발은 아직 성숙단계에 이르지 못해 우주탐사는 시작도 못하고 있다. 나로호 경우 발사체를 100% 우리 기술로 개발한 것이 아니라 핵심 부분은 러시아의 도움을 받았으며, 현재 보유한 위성의 상당 부분도 러시아 로켓으로 발사된 것이다.

　지난 5월 한미 정상회담에서 미사일지침 종료가 발표되면서 우주산업 발전에 관한 관심과 기대가 높아지고 있다. 그간 우주개발의 기본 조건인 발사체 개발을 제약했던 고체연료 사용 제한에 이어 사거리 제한이 풀렸기 때문이다.

또한 한국은 미국이 주도하는 유인(有人) 달 탐사 프로그램인 아르테미스 약정에 10번째로 가입했다. 이에 따라 한국은 내년 8월 NASA의 음영 카메라를 탑재한 우리의 달 궤도선을 보내 미국 탐사선의 착륙 후보지를 탐색할 예정이며, 위성항법 분야에서도 약정 가입국 간 협력이 기대된다.

이전과 달리 미국이 한국과의 협력에 전향적인 태도를 보이는 것은 환영할 일이다. 하지만 하도급 비슷하게 주는 것이나 챙기는 정도로는 결코 우주 선진국 반열에 오를 수 없다.

중국은 러시아와 미국이 공동 운영하는 국제우주정거장(ISS)과는 별도로 자체 우주정거장을 내년 말까지 완성한다는 목표 아래 4월 우주정거장의 핵심모듈인 톈허를 쏘아올리고 5월 29일 화물우주선 톈저우 2호를 실은 로켓을 발사했다.

이에 앞서 5월 15일 무인탐사선 톈원 1호가 화성 유토피아 평원 남부에 착륙했다. 이로써 중국은 미국과 러시아에 이어 세계에서 세 번째로 화성 표면에 탐사선을 착륙시켰다.

중국이 이처럼 비약적인 성취를 거둔 데는 막대한 투자와 과학자들의 노력에 더해 그간 선발국인 러시아와의 긴밀한 협력이 주효했다. 러시아는 1957년 인공위성 발사, 1959년 달 표면 촬영, 1961년 우주인 지구궤도 비행, 1966년 무인 탐사선 달 착륙, 1971년 화성 착륙 및 우주정거장 건설 등 인류의 우주개발을 선도해왔다.

한국은 올해 10월 한국형 발사체 누리호 발사가 성공해 독자적인 우주발사체를 확보하게 되면 2022년 자체 기술로 달 궤도선을 발사하고 2030년까지 한국형 발사체를 이용해 달 착륙에 나설 계획이다. 한국은 후발주자로서 관련 예산의 대폭 증액은 물론 선발국과의 협력이 긴요하다. 그러기 위해서는 미국만 바라볼 게 아니라 특히 한국과 협력할 의사가 있다는 점에서 러시아에 계속 관심을 가져야 한다.

그런데 2013년 나로호 발사 이후 단지 인공위성 발사 대행 서비스를 이용했을 뿐이고 실질적인 한러 간 협력프로그램이 없었다. 로켓 발사 단계에서 흔히 있는 일임에도 불구하고 나로호의 1, 2차 발사가 실패하자 한국 사회는 러시아측에 대해 책임을 돌리고 신경질적인 반응을 보였다. 당시 항공우주연구원의 관계자는 러시아와 향후 협력에 관한 질문에 국내 여론 때문에 주저하게 된다고 답했다.

한국의 러시아 과학기술에 대한 몰이해와 편견은 코로나 백신에서도 잘 나타난다. 한국은 러시아의 스푸트니크 V 백신에 대해 서방의 편견에 동조해왔다. 최근 국제학계가 그 효능이 서방 백신과 별 차이가 없는 것으로 인정했고 서방 백신의 공급에 차질이 생겼음에도 러시아 백신 도입은 검토하고 있지 않다.

과학기술에 관한 판단은 객관적이어야 한다. 제3국이 덧씌운 국가 이미지에 함몰되어 판단해서는 안 된다. 한국이 우주개발 선진국이 되고자 노력함에 있어 협력파트너는 많을수록 바람직하다. 러시아와의 파트너십을 적극적으로 추진하길 제안한다.

* 2021.6.4. 《내일신문》

푸틴-바이든 회담, 러미관계
개선 계기가 될까?

　푸틴 대통령과 바이든 대통령은 오는 16일 스위스 제네바에서 정상회담을 갖는다. 바이든 행정부 출범 후 첫 러미 정상회담이다. 현재 러미관계가 최악인 상황에서 이루어지는 만남이어서 양국 관계 개선의 전기가 될지에 대해 관심이 쏠리고 있다. 또한, 미중 갈등의 격화와 관련해 미국이 대러 관계를 어떻게 관리해 나갈 것인지도 주목의 대상이다.

　양국 관계는 2014년 우크라이나 내전 초에 미국이 러시아에 대해 경제 제재 조치를 취한 이래 악화돼 왔다. 지난 4월 우크라이나 정부군의 동부 지역 반군에 대한 공세 계획에 대응하여 러시아가 국경지대에 대규모 병력을 집결시킨 것에 대해 미국은 강력히 경고했다. 바이든 대통령은 최근 우크라이나의 나토 가입 가능성을 가볍게 언급한 바 있는데 러시아는 우크라이나의 나토 가입을 강력히 반대하며 러시아에 대한 서방의 도발로 간주하고 있다. 러시아의 2020년 미국 대선 개입 의혹과 관련해 바이든 대통령은 당선 직후 러시아에 대한 강력한 제재를 지속할 것임을 천명했고 올해 4월에는 외교관 맞추방 사태가 벌어지기도 했다. 지난해 8월 이후 반정부 인사 나발니에 대한 탄압에 대해서도 미국은 압박을 가하고 있으며 작년 대선 부정 의혹으로 야기된 벨라루스 사태에 대해서도 양국은 대립하고 있다. 경제 분야에서는 미국이 대러 제재 기조를 유지하는 가운데 양국이 유럽 에너지 시장을 놓고 경쟁을 벌이고 있다. 양국은 특히 '노르드 스트림2(Nord Stream2)' 가스관 건설을 놓고 대립해 왔다. 그리고 러시아에 가장 심각한 문제인 미국의 나토 확대·강화 전략에 대해 러시아는 중국과의 군사·안보 연대를 강화하고 있다.

이번 정상회담 준비를 위해 지난 5월 중순 열린 외교장관 회담은 양국 관계 개선의 가능성을 보여 줬다. 회담 후 블링컨 장관은 "미국은 러시아와 예측할 수 있고 안정적인 관계를 추구한다"라고 했고 라브로프 장관은 "이전 정권들에서 넘어온 치워야 할 것이 매우 많고 그것들을 치우기가 쉽지 않지만 블링컨과 그의 팀에게서 그 일을 하려는 의지를 느꼈다"라고 했다. 그런데 지난 2일 라브로프 장관은 이번 정상회담에 대해 "어떤 역사적인 결정이나 돌파구가 있을 것이라는 인상을 주기 위해 노력하지도 않을 것"이라고 했다. 아마도 정상회담과 관련한, 양측의 물밑 교섭이 순탄치는 않아 보인다.

그런데 미국은 그간 유럽의 에너지 안보를 위태롭게 할 수 있다고 주장하면서 러시아와 독일을 잇는 발트해 해저 가스관인 노르드 스트림2(Nord stream2) 설치 공사에 대해 참여 기업들을 제재하는 등 훼방을 놓다가 최근 태도 변화를 보였다. 지난 7일 블링컨 장관은 미 의회에서 "가스관 완성은 기정사실"이라고 했다. 기본적으로 나토 핵심 동맹국인 독일과의 관계 악화를 우려한 것이나 결과적으로 러시아에 대한 메시지일 수도 있다. 또한, 2024년 종료되는 국제우주정거장의 운영 기간 연장을 두고 양국은 타협점을 모색하고 있다. 미국은 운영 기간을 2030년까지 연장하는 것을 희망하는 데 반해 러시아는 우선 미국이 우주 관련 러시아 기업에 대한 제재를 해제할 것을 주장하며 나아가 독자 우주정거장을 건설하겠다는 입장이다.

이번 정상회담에서 미국은 우크라이나 내전, 벨라루스 국내 상황 및 러시아 내 야권 인사 탄압 등과 관련해 그간의 태도를 바꾸지는 않겠으나 언급 수위를 조절할 수는 있을 것 같다. 또한, 경제 분야에서는 부분적인 제재 완화 등 다소 융통성을 보일 것으로 예상된다. 현재 러미관계는 크게 보면 미국이 러시아 길들이기를 지속하고 있고 러시아는 버티는 양상이다. 중국의 노골적인 패권 도전에 미국이 대응하고 있는 동아시아 상황과는 상당한 차이가 있다. 미국이 중국을 가장 심각한 위협이라고 판단하고 있다면 러시아를 지나치게 몰아붙여 중국과 밀착하게 하는 것이 미국에 유익한 것인지 전략적이고 장기적인 관점에서 검토할 필요가 있다고 본다. 중국은 이번 러미 정상회담에 대해 신경이 쓰이는 모양이다. 5월 러미 외교장관 회담 직후 양제츠 공산당 외교담당 정치국원이 러시아를 방문했고 왕이 부장은 6월 초 라브로프 장관과의 전화통화를 통해 미국의 일방주의 압박에 대한 양국의 연대를 강조했다. 양국은 나아가 7월 푸틴-시진핑 회담을 추진하고 있다. 미국이 이번 정상회담을 통해 '중러 연대'에 대해 힘 빼기를 시도하고자 한다면 러미관계 개선을 위해 유연성을 발휘해야 할 것이다.

* 2021.06.13.《천지일보》

최근 푸틴-바이든 정상회담과 한러관계

지난 6월 16일 스위스 제네바에서 열린 러미 정상회담 결과를 보면 양국 관계가 개선될 기미가 보인다. 이번 회담의 주요 의제는 전략적 안정, 사이버 보안, 지역분쟁, 통상관계 그리고 인권 문제였다. 양국은 전략적 안정에 관한 대화를 시작하기로 했으며 그간 양국 관계에 걸림돌로 작용했던 사이버 보안, 간첩 혐의 수감자 교환 등 여러 이슈에 대해 협의하기로 했다. 또한, 올해 4월 본국으로 소환됐던 대사들이 이번 회담 직후 각각 모스크바와 워싱턴으로 복귀했다. 바이든 대통령의 제의로 이루어진 이번 정상회담에 앞서 미국은 러시아와 안정적이고 예측 가능한 관계를 희망한다는 입장을 표명했는데 중국의 패권 도전에 대응하는 데 집중하기 위해 대러 관계를 관리한다는 전략적 고려를 한 것으로 보인다.

그간 한러관계는 상당 부분 러미관계에 연동돼 왔다. 2014년 우크라이나 내전 와중에 러시아가 크림반도를 전격 병합하자 미국과 유럽연합은 즉각 경제제재 조치를 취했다. 한국은 독자적으로 제재하지는 않으나 미국의 요청에 따라 러시아의 크림반도 병합을 인정하지 않았다. 푸틴 대통령은 2014년 2월 러시아 소치에서 개최된 동계 올림픽 개막식에 다음 대회 개최국 국가원수로서 박근혜 대통령을 초청했는데 박 대통령은 참석하지 않았고, 그 뒤 바로 발발한 우크라이나 내전과 관련해 러미관계가 악화되면서 한러관계도 영향을 받았다. 2016년 9월 박근혜 대통령이 블라디보스토크에서 개최된 동방경제포럼에 참가할 때까지 양국 간 고위급 교류는 사실상 중단됐다. 경제 측면에서도 서방의 제재로 러시아 경제가 타격을 받아서 한국의 대러 수출 및 투자도 줄어들었다. 특히 미국의 제재에 있어 소위 세컨더리 보이콧(secondary boycott) 경고 때문에 한국 기업들은 러시아에 대한 신규 투자를 주저하게 됐다. 실제로 2014년 이래 러시아 기업과 추진하려던 프로젝트들이 미국의 세컨더리 보이콧을 우려한 국내은행들의 비협조로 무산됐다.

문 대통령이 취임 초기에 러시아에 대해 적극적인 태도를 보임으로써 양국 관계의 분위기가 상당히 고양됐고 문 대통령의 2018년 방러 때는 김대중 대통령 이래 18년 만에 국빈 예우를 받기도 했다. 그런데 신북방정책이 표방한 9개 분야 사업과 관련해 양국 간 기술협력을 촉진하기 위한 '혁신 플랫폼'의 구축과 연해주 선도개발구역 내 한국공단 추진 등을 제외하고는 괄목할 만한 것이 없다. 한국 기업들이 대체로 러시아 시장에 대해 소극적인 데다 미국의 제재는 한국 기업들을 더욱 소극적으로 만들었다. 물론 한국 기업들의 투자가 전혀 없었던 것은 아니다. 그러나 양국 간 협력 잠재력과 극동 러시아 개발 참여에 대한 러시아 측의 기대에 비춰 볼 때 여전히 미흡한 수준이다.

이번 회담에서 바이든 대통령은 푸틴 대통령에게 "러시아와 수천 마일 국경을 맞대고 있는 중국은 세계에서 가장 강력한 경제와 군사력을 추구하면서 앞으로 나아가고 있는데 러시아는 경제적으로 곤경에 처해 있지 않으냐? 러시아는 경제를 발전시키기 위해 더욱 적극적으로 움직일 필요가 있다"라고 했는데 이는 일종의 회유로 풀이된다. 확대해석한다면 앞으로 러시아가 미국의 기대에 부응하는 것에 따라서는 제재를 완화할 수 있다는 것으로 들린다. 그리고 이번 회담을 예의주시한 유럽연합도 러시아와의 관계 개선을 시도하려는 움직임을 보인다. 물론 이러한 움직임의 기저에는 기본적으로 최근 러시아가 경제적으로 중국 쪽으로 경도되는 것에 대한 서방측의 우려가 깔려 있다. 몇 달 안에 러미관계가 획기적으로 개선되고 그 결과 제재가 해제되기는 어렵겠으나 이번 회담에 대한 양국 정상의 평가가 상당히 긍정적인 점을 고려할 때 변화를 기대할 수 있을 것 같다. 한편 그간 중국은 올해 7월 러중 우호조약 20주년 계기에 푸틴 대통령이 베이징을 방문하도록 공을 들여왔는데 푸틴 대통령은 방중 대신에 6월 28일 시진핑 주석과 화상 회담을 했다. 이는 미국을 의식한 것으로 보인다. 러미 양국 모두 상대방의 입장을 고려하고 있다는 것은 양국 관계의 개선 가능성을 보여준다. 그간 여러 차례 거론됐던 푸틴 대통령의 방한이 이루어지고, 머지않아 러미관계의 개선으로 경제제재도 완화돼 한러 경제협력이 탄력을 받길 기대해 본다.

* 2021.7.11.《천지일보》

노르드 스트림2(Nord Stream2)에 대한
미국의 억지

　미국이 7월 21일 마침내 노르드 스트림2의 완공을 양해하겠다고 발표했다. 노르드 스트림2는 러시아와 독일을 잇는 총 길이 1,234km의 발트 해저 가스관 공사다.

　트럼프행정부 이래 미국은 집요하게 가스관 공사를 방해해왔다. 그런데 이번 발표로 수년간 이어져 온 갈등이 사실상 러시아의 승리로 종료되었다. 그간의 사정을 정리하고 미국의 태도 변화의 이유를 짚어 본다.

　첫째, 러시아와 독일은 왜 막대한 비용을 들여 해저 가스관을 건설하고자 했을까? 한마디로 가스 수요자 독일과 공급자 러시아 모두 가스 공급의 불확실성을 제거하기 위해 이 프로젝트를 추진했다. 그간 러시아는 독일을 비롯한 유럽국가들에 대해 우크라이나를 통과하는 가스관을 통해 가스를 공급해왔다. 그런데 10여년 전 우크라이나가 친서방노선을 채택해 러시아와 갈등이 발생하면서 가스공급의 안정성 문제가 제기되었다. 문제가 본격화 한 것은 2009년 소위 '가스대란'이 발생했을 때다. 당시 우크라이나가 러시아에 대해 통과수수료의 대폭 인상과 우크라이나에 대한 특혜가격 유지를 요구하면서 유럽에 대한 러시아의 가스 공급이 13일 동안 중단되었다.

이후 2009년과 같은 극단적인 상황이 재발하지는 않았지만, 우크라이나가 통과료 및 가격재협상 때마다 가스공급자인 러시아에 대해 무리한 요구를 해 양국 간 갈등이 일고 가스공급의 차질을 우려한 유럽연합이 개입하는 사태가 반복되었다. 이런 배경에서 러시아와 독일은 우크라이나를 우회하는 가스관 건설을 추진한 것이다. 특히 독일은 탈석탄·탈원전 정책을 차질없이 추진하는 데 상대적으로 값싼 러시아 가스를 안정적으로 공급받는 것이 긴요해 이 프로젝트에 큰 기대를 걸어왔다.

둘째, 미국은 왜 반대했나? 미국은 이 가스관이 건설되면 유럽에 대한 러시아 가스의 공급이 증가해 결과적으로 유럽의 에너지 안보를 위태롭게 할 수 있다는 이유를 들어 반대입장을 취해왔다. 하지만 실제 미국의 심산은 러시아를 견제한다는 것이었다. 그래서 프로젝트가 제3국인 독일과 러시아 간 사업임에도 공사의 진척을 막으려 했다. 예를 들어 2018년 제정된 '미국에 적대적인 국가들에 대한 제재 법률'에 따라 가스관 건설 공사에 참여하는 기업들을 제재했는데 일시적으로 공사가 중단되는 성과(?)를 거두기도 했다.

미국이 그런 행동을 취한 또 하나 요인은 미국산 셰일가스 수출이 줄어들지 모른다는 우려였다. 그러한 우려에서 트럼프 대통령은 메르켈 수상에게 미국산 가스를 사라고 강요하기도 했다. 자유무역의 챔피언을 자처해온 미국이 자기 물건을 팔려고 동맹국의 사정은 고려하지 않고 설득력이 없는 안보논리를 편 것이다.

셋째, 우크라이나는 왜 반발했나? 우크라이나로서는 러시아와의 관계가 현재와 같이 악화된 상태이면 러시아를 압박하기 위해 우크라이나 통과 가스관을 사용하지 못하도록 할 수도 있다. 우크라이나 정부는 러시아가 자국을 통과하는 가스관을 이용하는 것이 러시아에 대해 그나마 레버리지를 갖게 한다고 생각한다. 그러한 판단에 더해 노르드 스트림2가 완공되면 자국을 통과하는 가스관을 통한 러시아의 대유럽 가스 공급이 크게 줄거나 아예 중단될 수 있고, 그렇게 되면 재정수입의 큰 부분인 통과수수료 수입(연 20억~30억 달러)이 격감할 것을 우려했다.

이와 관련해 독일은 우크라이나의 반발을 무마하기 위해 러시아에 2024년 이후에도 최대 10년간 우크라이나 통과 가스관을 이용할 것을 요구한 것으로 알려졌다.

미국은 왜 태도를 바꿨을까? 첫째, 바이든행정부는 트럼프행정부에서 약화된 유럽과 관계 개선을 추진해왔다. 그런데 유럽연합의 중추국가인 독일이 미국의 압력에 대해 에너지 주권을 포기할 수 없다는 입장을 견지하고 있는 상황에서 독일과 계속 큰 현안을 갖는 것이 부담스러웠기 때문이다. 둘째, 지금까지 공사가 90% 이상 진척되어 계속 사업을 방해하는 것이 무리라고 판단했을 것이다. 미국의 태도 변화는 지난 5월 블링컨 국무장관이 독일 기업에 대한 제재를 철회한다고 했을 때 감지되었다. 또한 중국의 도전에 대응하는 데 집중하기 위해 러시아와의 관계를 관리한다는 고려도 있었을 것으로 보인다.

*2021.8.6.《내일신문》

VI. 외교 단평

벨라루스 사태, 또 하나의 색깔혁명 될까?

8월 14일 벨라루스 대통령 선거 이후 수도 민스크에서 투표 결과에 불복하는 시위가 계속되고 있다. 벨라루스 선관위 발표에 따르면 현 루카셴코 대통령이 80.1%를 득표, 10.1%를 얻은 야권 티하놉스카야 후보를 이기고 당선됐다.

하지만 야권 후보 지지자들이 개표 결과를 부정이라고 규정하고 루카셴코 대통령 퇴진과 재선거를 요구한다. 16년째 집권중인 루카셴코 대통령이 큰 정치적 위기에 처한 것이다.

이러한 벨라루스 정치상황에 대해 미국과 유럽연합은 물론 주변국들이 이런저런 참견을 하고 있는데 이번 사태가 또 하나의 '색깔혁명'이 될 것인지 관심이 쏠린다.

'색깔혁명'이란 동유럽과 중앙아시아에서 공산주의 체제가 붕괴된 이후 시민들이 부패하거나 권위주의적인 정부에 대해 비폭력 저항을 전개해 정권 교체와 민주주의를 성취한 것을 말하는데 특별한 색이나 꽃을 상징으로 내걸었기 때문에 그렇게 불렸다. 2003년 조지아의 장미혁명, 2004년 우크라이나의 오렌지혁명, 2005년 키르기스스탄의

튤립혁명, 2018년 아르메니아의 벨벳혁명 등이 그 예이며 대부분 반러시아적 성향을 띠었다.

현재 루카셴코 대통령은 자신에 대한 퇴진 및 재선거 요구를 받아들이지 않겠다는 입장이고 반정부 시위대의 조정위원회는 지속적으로 권력이양을 요구하고 있다. 루카셴코 대통령은 헌법 개정을 먼저 한 후 재선거를 실시할 용의가 있다고 말한 적도 있지만 개정 헌법의 골자에 대해 구체적으로 밝힌 바는 없다. 아직 시위대와 공권력 간에 폭력사태가 발생하지는 않았으나 시위대 지도자가 구속되기도 했다.

과거 우크라이나의 경우처럼 일부 반정부지도자들이 반러감정을 부추기려 하나 아직은 벨라루스 시민들의 러시아에 대한 부정적인 성향은 미미한 편이다. 오히려 시위대는 주벨라루스 러시아 대사에게 면담을 요청하는 등 러시아에 대한 기대감을 표출한다.

벨라루스 사태에 대한 각국의 반응과 행보를 보면 먼저 미국은 벨라루스 당국이 시위대의 지도자를 구속한 것을 맹비난하고 제재를 예고했다. 유럽연합은 상황을 예의주시하고 있으며 제재를 검토한다고 하는데 회원국들이 한목소리를 내고 있지는 못하다.

서유럽 국가들은 루카셴코에 대한 압력이 지나칠 경우 벨라루스가 러시아 쪽으로 더욱 접근할 가능성을 우려한다.

반면에 벨라루스와 인접한 발틱 국가들, 폴란드 우크라이나 등은 노골적으로 시위대를 지원하는 움직임을 보이고 있다. 이 국가들은 과거 소련의 지배를 받은 데 따른, 러시아에 대한 반발심에서 강경한 움직임을 보이고 있다.

발틱 국가들은 벨라루스 대통령 및 정부 주요 인사의 자국 입국금지 및 벨라루스 화물의 발틱해 연안 항구 이용불허 등의 조치를 취했고 이에 대해 벨라루스는 보복조치를 예고했다.

러시아 외교부는 우크라이나 출신 극단주의자 200여 명이 벨라루스에 잠입해 있다고 주장했다. 반면 폴란드는 러시아에 대해 벨라루스 사태에 개입하지 말라고 촉구했다.

한편 푸틴 러시아 대통령은 벨라루스 대선 결과를 인정했으며, 루카셴코 대통령과 긴밀히 소통하고 있으나 현재로서는 사태가 악화되면 경찰병력 파견을 검토하겠다는 정도의 입장인 것으로 알려졌다.

한편 벨라루스와 러시아는 현재 폴란드와 발틱 국가들에서 진행 중인 나토 군사훈련에 대해 경계심을 드러냈다. 이에 대해 나토 측은 사전 계획에 따른 것이며 벨라루스 현 상황과는 무관하다고 설명한다. 하지만 나토의 훈련은 기본적으로 러시아를 염두에 둔 것인 만큼 러시아와 벨라루스로서는 의구심을 가질 수 있다고 본다. 특히 폴란드는 벨라루스의 내부 혼란을 이용하여 벨라루스 서부 지역에 흑심을 갖고 있다는 보도도 있다.

앞으로 벨라루스 사태의 향방은 미국이나 유럽연합보다는 러시아에 대해 좋지 않은 생각을 갖고 있는 인접 국가들과 러시아의 움직임과 태도에 달려 있다고 본다. 루카셴코 대통령과 시위대 모두 주위의 선의를 가장한 불순한 움직임을 간파하고, 현명한 타협책을 찾기를 기대한다.

* 2020.9.11.《내일신문》

아제르-아르멘 전쟁과 주변국 이해

　카스피해와 흑해 사이의 코카서스 지역이 국제사회의 이목을 끌고 있다. 9월 하순 본격화한 아르메니아-아제르바이잔 전쟁이 러시아가 중재한 10월 10일 휴전합의에도 불구하고 계속되고 있기 때문이다. 이 분쟁은 아제르바이잔 영토의 일부지만 아르메니아계가 대다수인 나고르노-카라바흐 지역을 둘러싼 해묵은 갈등이 불거져 나온 것이다.

　투르크계 국민의 이슬람 국가인 아제르바이잔은 동방정교회 국가 아르메니아와 역사적으로도 갈등이 있었지만 이 지역을 지배한 여러 제국의 통치 하에서 억제되어 왔다. 양국은 19세기 후반 제정 러시아의 지배를 받았는데 볼셰비키 혁명 발발로 일시적으로 독립했다가 다시 소련 지배로 들어갔다. 그후 소비에트연방에 포함된 공화국들의 영역을 획정하는 과정에서 나고르노-카라바흐 지역은 아제르바이잔 소속 자치주로 결정되었다. 물론 이러한 연방정부 결정에 아르메니아가 반발했지만 양측 사이에 무력충돌은 없었다.

　1991년 소련 붕괴를 전후해 통제가 느슨해졌을 때 나고르노-카라바흐 지역의 아르메니아계가 아제르바이잔으로부터 떨어져나가 아르메니아와 통합을 시도했다. 이때 아제르바이잔 정부가 강력히 제동을 걸면서 1차전쟁이 발발했다. 1994년에 휴전이 성립되었는데 이 전쟁으로 아르메니아계가 실효 지배하는 지역이 기존 나고르노-카라바흐 자치주보다 커졌다.

그리고 아르메니아계 주민은 아르차흐 독립공화국을 선포했는데 유엔 회원국 중 아르메니아만이 국가승인을 했다. 이후 수십년 동안 휴전협정을 위반한 일이 발생했는데 그중 가장 심각한 것이 2016년 2차전쟁이었으며 이번이 3차전쟁이다.

이웃한 국가들 가운데 아르메니아와 마찬가지로 정교회를 신봉하는 러시아는 표면적으로는 중립을 유지하지만 무기를 지원하는 등 사실상 아르메니아 편이다. 러시아는 자신만이 이 분쟁을 중재할 수 있다고 생각한다. 그런 입장에 따라 10월 10일에 라브로프 외교장관이 양측 간 휴전을 중재했다. 또한 이 분쟁에 외부세력 개입이 확대될 경우 러시아 남부 국경지대의 안정에 위협이 될 수 있다고 우려한다.

1990년대 초 유럽안보협력기구가 이 지역에 나토군을 평화유지군으로 파견하는 제안을 했지만 러시아 반대로 무산됐다. 현재 러시아는 전반적으로 현상을 유지하는 선에서 휴전이 유지될 수 있도록 터키에 대해 협조를 요청하고 있다.

터키는 과거 오스만제국의 지배에 반감을 갖고 있는 아르메니아와 사이가 좋지 않다. 때문에 같은 투르크계 국가인 아제르바이잔을 군사·경제적으로 지원해왔다. 투르크계 언어를 사용하는 국가들 간에 2009년 투르크평의회(Turkic Council)를 발족했는데 터키와 아제르바이잔은 원회원국이다.

아르메니아 측 발표에 따르면 터키는 시리아 북부 지역 민병대가 아제르바이잔 측에 참전하는 것을 지원했으며, 터키 공군기가 아르메니아 측을 공격했다. 한편 이란은 아제르바이잔 공군기가 아르메니아 측을 공격하는 과정에서 자국 영공을 무단 침범한 것을 강력 비난했는데, 아제르바이잔이 1990년대 초 이스라엘과 외교관계를 수립하고 무기를 구매해 좋지 않은 관계다.

최근 폼페이오 미 국무장관이 아제르바이잔 및 아르메니아 외교장관과 연쇄회담을 갖고 양측에 긴장완화를 촉구했다.

코카서스 지역은 카스피해와 흑해, 그리고 러시아·이란·터키로 둘러싸인 지역이다. 카스피해 해저 및 연안 지역에는 막대한 양의 석유 및 가스가 매장되어 있고, 서방의 큰 이해가 걸려 있는 BTC(바쿠-트빌리시-세이안) 송유관이 이 지역을 관통한다. 또한 중국이 추진하고 있는 일대일로의 중앙아시아 노선이 이 지역을 지난다.

어떤 분쟁이든 외부가 개입하면 협상에서 당사국들이 소외될 수 있다. 국외자가 볼 때 아르메니아 측은 점령지를 포기하고, 아제르바이잔 측은 원래 나고로노-카라바흐 지역의 아르메니아계에 대해 독립에 준하는 자치를 허용하고 동시에 유엔평화유지군을 받아들이는 것이 양측 모두의 체면을 살려주고 실리도 가져다주는 합리적 해결방안일 것 같다. 하지만 지금처럼 양측 사이에 적대감이 고조된 상황에서는 채택되기 쉽지 않아 보인다.

* 2020.11.6. 《내일신문》

외교관의 대외직명과 계급에 대한 오해

2018년 로마에서 잠적한 조성길 주이탈리아 북한 대사대리가 2019년 한국에 입국한 것으로 이달 초 알려졌다. 대부분의 국내언론은 조성길의 대사대리 직명에 '대사'가 들어 있어 북한에서 상당한 고위층이라고 판단한 탓인지 톱뉴스로 보도했으며, 어떤 매체는 조성길이 한국으로 망명한 북한인사로서 1997년 망명한 황장엽(당시 북한 서열 13위) 이래 최고위급 인사라고 설명하면서 그의 망명에 대해 큰 의미를 부여했다. 조성길 대사대리가 고위인사라고 보도한 것은 외교관의 대외직명에 대한 무지에서 비롯된 오해이다. 국제관례에 따라 외교관의 대외직명에 대해 구체적으로 살펴보자.

우선 조성길은 1등서기관인데 어떤 이유로 대사대리라는 명칭으로 불리게 됐을까? 2017년 9월 북한이 6차 핵 실험을 실시하자 이탈리아 정부는 문정남 당시 주이탈리아 북한 대사를 추방했다. 대사관에 대사가 부재하게 되면 대사관 내부 서열에 있어 차석(次席)인 직원이 일시적으로 대사의 직무를 대행하게 되는데 이를 대사대리(大使代理, chargé d'affaires ad interim)라고 한다. 대사대리를 지정하는 것은 그

직원의 대외직명(공관근무와 관련해 부여되는 직명으로서 공사, 참사관, 1등서기관 등)이나 계급하고는 관계가 없다.

언론 보도에 따르면 조성길은 당초 대외직명이 3등서기관이었는데 문정남 대사의 추방 즈음 1등서기관으로 상향 재지정돼 대사대리의 직무를 수행했다고 한다. 차석이라 하더라도 너무 낮은 대외직명이면 무게가 떨어지는 만큼 1등서기관으로 재지정한 것으로 보인다. 이는 북한 대사관에서만 일어나는 일은 아니고 일반적인 것이다. 조성길이 외교관 집안 출신으로서 북한에서 소위 금수저인지는 모르겠으나 외교관 계급으로 보아서는 우리나라의 고참 사무관(5급) 수준이라 하겠다. 현직 북한 외교관으로서 한국으로 망명한 것으로 알려진 사람 가운데 망명 당시 계급으로 보아 최고위 외교관은 태영호 주영국 북한 대사관 공사일 것이다. 과연 조성길 대사대리가 고위급 외교관인지와 관련해 어떤 전직 외교관이 외교관의 계급과 대외직명에 대해 설명한 데 대해 일부 언론이 잘못된 보도 내용을 바로잡지는 않고 '이런 주장도 있다'라고 했는데 답답한 노릇이다.

명칭이 대사대리와 유사한 것으로 대리대사(代理大使, chargé d'affaires en pied)가 있다. 이는 대개 두 나라 사이에서 외교관계의 수립 초기에 대사 교환에 대한 합의가 없는 경우 파견국의 외교장관이 접수국의 외교장관에게 보내는 신임장을 갖고 파견되는 정식 외교사절의 하나이다. 즉, 대리대사는 명실상부한 공관의 장(長)이다.

다음으로 외교관의 대외직명과 계급에 대해 간단히 설명하고자 한다. 대외직명을 서열 순으로 보면 대사, 공사, 공사참사관, 참사관, 1등서기관, 2등서기관 및 3등서기관이며, 영사 직렬의 경우 총영사, 부총영사, 영사, 부영사이다. 이러한 대외직명은 관리관(1급), 이사관(2급), 부이사관(3급), 서기관(4급), 사무관(5급) 등 각자 갖고 있는 계급 또는 직급과는 다른 것이다. 물론 어느 직원에 대한 대외직명은 그 직원의 직급을 고려해 부여된다. 예를 들어 사무관(5급)의 경우, 통상 2등서기관 또는 1등서기관의 대외직명이 부여된다. 그리고 어느 나라의 재외공관이든 모든 대외직명에 해당되는 외교관이 모두 다 있는 것은 아니며 공관 규모에 따라 다르다.

또 자주 접하는 실수로서 일반인들이 대사를 '대사관'이라고 부르는 것인데 이는 대사관(大使館)의 館을 官으로 오해한 데서 비롯된 것으로 보인다. 그리고 해외여행자나 재외국민들이 우리 공관을 접촉하는 경우 상대가 대개 공관에서 영사 업무를 담당하는 직원이다 보니 대사를 제외한 공관 직원 모두를 영사라고 부르기도 하는데 이 역시 정확한 호칭은 아니다.

언론 보도 등에서 자주 접하는 잘못된 호칭이 또 하나 있는데 예를 들어 주미국 대사를 '주(駐)'를 빼고 그냥 미국 대사라고 하는 것이다. 미국 대사는 미국 정부가 외국에 파견한 대사를 뜻한다. 즉, 미국 대사는 미국의 외교관이지 한국의 외교관이 아니다. 주한 미국 대사를 줄여서 미국 대사라고 하는 것은 문제가 없으나, 한국 정부가 미국에 보낸 아무개 주미국 대사를 미국 대사로 부르면 아무개를 미국의 대사로 오해할 수도 있겠다. 단어 사용이 정확해야 함은 아무리 강조해도 지나치지 않으며 언론은 더욱 그래야 한다고 본다.

* 2020.10.25. 《천지일보》

WTO 사무총장 선거와 한국의 태도

　작년 9월 이래 공석인 WTO 사무총장 선출이 회원국들 간 최종 후보에 대한 컨센서스가 미국의 반대로 이루어지지 못해 교착상태에 빠져 있다. 당초 11월 초 일반이사회에서 최종 결정할 예정이었으나 회의가 개최되지 못했으며 12월 이사회에서는 사무총장 선출 안건이 의제로 다루어지지 못함으로써 현재로서는 금년도 첫 번째 이사회가 열리는 2월에나 결론이 날 것으로 보인다. 이 과정에서 한국 측의 태도가 사무총장 선출의 지연에 일조하고 있다는 지적이 있다.

　WTO 사무총장 선출은 회원국들 간 합의 도출을 통해 이루어지는데 일반이사회 의장이 회원국들과의 협의를 통해 지지도가 상대적으로 낮은 후보자를 확인하고 해당 후보자는 사퇴하는 과정을 반복해 컨센서스를 형성할 가능성이 가장 높은 후보자 1명을 일반이사회에 권고한다. 1명이 추천되도록 하기 위해 관례에 따라 최종 단계에서 선택되지 못한 후보는 사퇴한다. 이에 따라 남은 후보는 1명이 돼 회원국들은 만장일치로 새 사무총장을 선출한다. 선출 기한까지 컨센서스에 의한 선출이 불가능할 경우 투표로써 선출하게 되는데 투표에

의한 선출은 회원국들 간 단합을 저해하는 것으로 이해된다.

　이번 선거에는 총 8명이 출마했는데 제1라운드 협의 (2020.9.7~16)에서 가장 적은 표를 받은 3명이 탈락하고, 한국의 유명희 통상교섭본부장, 케냐의 아미나 모하메드, 나이지리아의 응고지 오콘조이웰라, 영국의 리암 폭스, 그리고 사우디아라비아의 모하마드 마지아드 알 투와이즈리가 제2라운드 협의(9.24~10.6)에 진출했다. 유명희 본부장은 제2라운드도 통과해 나이지리아 후보와 최종 라운드 경쟁(10.19~27)을 벌였으나 꽤 큰 차이로 나이지리아 후보에 뒤진 것으로 알려졌다.

　이번 선거는 초반부터 지금까지 아프리카 지역 출신 사무총장이 없었다는 점을 고려한 '아프리카 대세론'이 무성했다. 총 8명 후보 중 3명이 아프리카 출신이었다. 중국은 아프리카 지역과의 긴밀한 관계에 따라 아프리카 후보를 지지했고 일본은 한국의 위안부 합의 파기 및 강제징용 대법원 판결에 대한 대응 차원에서 한국 후보를 반대하는 입장을 취했다.

　유럽은 표가 갈릴 것이라는 관측이 있었다. 영국의 폭스가 과거 국제통상부 장관 재직 시절 브렉시트(영국의 유럽연합 탈퇴)를 주도했던 인물이라 유럽 대륙 국가들로부터 지지를 받기 어려울 수 있다는 전망이 제시됐다. 이러한 전망은 적중했다. 유럽연합은 최종적으로 나이지리아 후보 지지를 발표했다. 유럽연합은 이러한 결정은 국제사회에서 다자간 질서를 강화하려는 것이며, 또한 유럽연합과 아프리카의 상호 신뢰를 강하게 보여주는 것이라고 설명했다. 반면 미국은 유본부장에 대한 지지를 표명했다.

그런데 다음 달 올해 첫 번째 이사회까지도 미국이 나이지리아 후보를 반대해 회원국들 간 컨센서스가 형성되지 못해 투표로 갈 경우 유명희 본부장이 다수표를 획득할 수 있을까? 최종라운드에서 나이지리아 후보가 훨씬 많은 표를 얻었다면 역전은 어려울 것으로 보인다. 미국이 현재 중국 견제에 혈안이 돼 있지만 WTO 사무총장 선거에서는 유엔 사무총장 선거의 경우처럼 거부권을 행사할 수는 없다. 따라서 한국 후보가 역전을 위해 미국에 기댄다 하더라도 승산이 희박하다고 판단된다. 오히려 미국의 통상 정책 기조가 WTO 중심 다자주의에 우호적으로 바뀔 가능성이 없지 않다.

　만일 유 본부장이 당선된다면 우리나라는 1995년 김철수 상공부 장관, 2013년 박태호 통상교섭본부장에 이어 3번째 도전에서 WTO 사무총장을 배출하게 된다. 유 본부장으로서는 큰 영광이고 한국으로서는 매우 자랑스러운 일이 될 것이다. 그런데 최종라운드에서 상당한 차이로 졌는데도 사퇴를 안 하고 버티는 것이 후보 자신과 한국에게 도움이 되는 일인지 질문을 던지고 싶다. 문 대통령이 각국 정상에 친서를 보내고 전화 통화를 해 지지를 요청했으니 아마도 정부 내부적으로 사퇴를 결정하기 쉽지 않았을 것이다. 또한 트럼프 행정부가 반중국 정책의 일환으로 나이지리아 후보를 반대하는데 한국 후보가 사퇴한다면 한국이 중국 쪽으로 더욱 기울고 있다는 인식을 줄 것을 우려했을 수도 있다.

　어쨌든 한국 후보의 사퇴 거부로 사무총장의 공석 상태가 장기화됨에 따라 회원국들의 눈총을 받고 있다. 최종라운드 직후 미국 측에 국제관례를 따르겠다고 이해를 구하고 사퇴하는 것이 합리적인 선택이 아니었을까 하는 생각이 든다. 1월 20일 출범하는 미국의 신 행정부가 나이지리아 후보 반대 입장을 혹시라도 철회하면 우리는 얻은 것은 없고 잃은 것만 있는 처지가 될 것이다.

* 2021.1.3.《천지일보》

이란의 혁명수비대가 해적인가?

지난 4일 이란 혁명수비대가 호르무즈 해협을 항해 중이던 한국 케미호를 해양 오염 혐의로 나포하는 일이 벌어졌다. 이와 관련하여 정부는 바로 청해부대 최영함을 인근 해역으로 출동시키고, 5일 외교부는 주한 이란 대사를 불러 항의하고 7일에는 외교부 아중동국장 일행이 이란에 도착하였으며 10일에는 외교부 1차관이 이란 방문차 출국하였다. 정부의 초기 대응이 적절했는지 질문을 던져 본다.

이란 측이 한국 선박을 나포한 목적 또는 이유를 놓고 1) 미국의 대이란 제재로 한국의 은행 계좌에 묶여 있는 석유 판매 대금을 받기 위한 압력 2) 조만간 예상되는 미국의 이란 핵 합의 복귀 협상을 앞둔 대미 메시지 3) 이란 내부적 요인 등 설이 분분하다. 첫 번째 설명은 2019년 이란 대통령이 직접 나서 국내 은행에 묶여 있는 원유 대금 (70억 달러)를 풀어 달라고 요구한 데 이어 작년엔 문재인 대통령에게 친서도 보냈으나 한국 정부가 아직 이란 측이 수용할 만한 조치를 취하지 않고 있다는 보도를 고려하면 이란 측의 행동을 설명한다고 볼 수도 있는데 양국 간 논의의 구체적 내용이 드러나기 전까지는 어디까지나 추측일 뿐이다.

그런데 이란 외교부 대변인은 4일 한국 선박 나포에 대해 설명하면서 "이 문제는 전적으로 기술적인 것이며 예외적인 사건도 아니며 유사한 일들이 전에도 발생한 적이 있다"라고 입장을 밝힌 데 이어 6일에는 한국에 대해 '이성적으로' 그리고 '논리적이고 책임감 있게' 이 문제를 다룰 것을 촉구하면서 한국 정부의 조치는 이해할 수 없다고 하였다. 국내에서는 이러한 반응에 대해 이란 측이 내심을 숨기고 엉뚱한 소리를 한다고만 생각하는데 과연 그런가?

이란 측의 반응은 한마디로 이란 혁명 수비대가 테러 단체나 해적인가의 질문이라 하겠다. 한국 정부가 나포가 발생하자마자 최영함을 호르무즈 해협 인근 해역으로 급파한 것은 부적절한 조치이다. 첫째, 최영함 배치는 이러한 상황 발생 시 문제를 풀어가는 순서상 섣부른 조치이다. 이란 측 주장에 대한 사실 여부 확인도 이루어지지 않았고 양국 정부 당국자 간 논의와 협상도 시작되지 않았는데 무력을 과시하는 듯한 군함 배치는 19세기적 사고가 아닌가 하는 생각이 든다. 둘째, 국내 일각에서는 최영함 급파는 외교부의 협상 입지를 강화시키는 효과를 기대한 것이라고 설명하였다. 한국 군함 1척이 이란 인근 해역에 배치되었다고 이란 측이 압박감을 느낄 것인가? 그런 고려였다면 한마디로 순진한 행동이었다고 생각된다. 셋째, 군함을 인근 해역에 보낸 것은 이란 측이 압박을 느끼기보다는 강한 반발을 초래하여 협상이 시작도 되기 전에 분위기를 악화시켰을 수 있다. 국내에서는 무시해버린 이란 외교부 대변인의 발언 가운데 '한국이 이성적으로 행동할 것을 촉구한다'는 대목은 양국 정부가 대화하기도 전에 군함을 호르무즈 해협으로 출동시킨 행동의 부적절함을 지적한 것으로 생각된다.

군함 출동과 관련하여 또 하나 지적할 수 있는 것은 언론 보도에 따르면 청와대가 이미 지난달 '이란의 한국 선박 억류 가능성'을 보고받았다는 점이다. 만일 첩보에 따라 최영함에 한국 선박 호위 임무를 지시하였더라면 이번 사태를 막을 수 있었을 텐데 왜 아무런 대비를 하지 않았을까?

또한 이란 측에서 나포 사태의 성격이 전적으로 기술적인 것으로서 문제가 이란의 국내법에 따라 처리될 것임을 시사하고 한국 측의 외교적 방문이 필요 없다고 거절하였음에도 불구하고 외교부 대표단을 보낸 것은 과연 적절한 대응일까? 오히려 이란 측을 자극하는 역효과가 있을까 우려된다. 이번 사태와 관계없이 외교부 1차관의 방문이 예정되어 있었다고 하는데 이란 측에 1차관의 방문을 앞당겨 한국 선박 나포 건도 논의할 것을 요청하였더라면 좋았을 것 같다.

물론 우리 국민이 승선하였고 우리 국적인 선박이 나포되면 신속대응하는 것이 필요하다. 하지만 6일 이란 외교부 대변인이 "해운항만당국이 선박과 선원에 대해 필요한 지원을 제공할 것이며 이에 관해 정보를 제공하겠다"고 발표하였으므로 선원과 선박의 안전에 대해서는 크게 우려할 필요가 없는 상황이다. 실제로 이미 우리 공관원들이 선박과 선원의 안전을 확인하였다고 한다. 이란 측이 기술적인 사안으로 법절차에 따라 처리한다고 하는 만큼 일단 선주회사의 대응을 최대한 지원하면서 차분히 정부 간 협의를 진행하는 것이 맞는 대응일 것 같다. 물론 선원과 선박이 조기에 풀려나도록 하는데 초점을 두어야 하겠다.

이란 측이 적어도 겉으로는 이번 한국 선박의 나포와 이란의 석유 판매 대금 동결 해제와 연계되어 있음을 부인하는 상황에서는 한국 정부가 지레짐작으로 대응하기보다는 일단 영사사건으로 접근하는 것이 의외로 문제의 조기 해결로 이어질 수 있다. 끝으로 외교협상에서 가장 중요한 것은 일단 상대방의 입장과 의도를 정확히 파악하는 것인데 상대방의 말은 귓등으로 듣고 대응하면 일이 꼬일 수 있음을 지적하고 싶다.

* 2021.1.13.《미디어시시비비》

한국, 인권 후진국이 되어가나?

한국이 인권 문제에 있어 국제사회에서 고립되고 있다. 인권은 국제사회의 보편적 가치인데 현 정부는 북한 및 중국의 인권 문제에 대해 이해하기 어려운 태도를 견지하고 있다. 북한과 중국의 인권 상황에 대해 모르쇠로 일관하고 특히 북한에 대해서는 한국 안에서 문제를 제기하는 것을 처벌하겠다는 부끄러운 모습을 보이고 있다. 이는 인권에 대한 현 정부의 근본적인 인식이 무엇인지 의구심마저 갖게한다.

북한 인권은 한국과 미국만의 관심사가 아니다. 유엔인권이사회는 매년 북한 문제를 다뤄왔다. 한국은 문재인 정부가 들어선 이후에는 유엔인권이사회에서의 북한 인권 결의안 공동제안국에 이름을 올리지 않고 있다. 최근 미국·일본 등 5개국이 중국·북한 등의 자의적 외국인 구금을 규탄하는 공동선언을 발표할 때도 한국은 빠졌다. 미국 의회가 지난 15일 한국의 '대북 전단 금지법'에 대한 청문회를 개최했다. 제목은 '한국의 시민적·정치적 권리: 한반도 인권에의 시사점'이었다. 미국 의회가 한국의 인권 문제를 놓고 청문회를 연 것은 이번이 처음이다. 지금까지 미 의회 인권위가 청문회 대상으로 삼은 국가들은 아이티, 시리아, 르완다, 콩고민주공화국, 북한, 중국 등 인권 후진국들이었다. 이런 움직임에 대해 문재인 정부는 '부적절하다'라는 입장이며 일부 여권 인사들은 '내정 간섭'이라고 주장했다. 말은 그렇게 하면서도 현 정부는 미 정계 거물들이 속해 있는 로비회사를 고용해 한국 정부 입장에 대한 미국 조야의 비판을 무마하려 했다. 또한 '대북 전단 금지법'과 관련해 유엔인권이사회 특별보고관들은 지난 19일 한국 정부에 "대북 전단 금지법이 국제법에 위반된다"라는 취지의 서한을 발송했다. 이미 유엔 북한 인권특별보고관이 이 법에 대해 우려를 표명한 바 있는데 의사·표현의 자유 및 평화적 집회·결사의 자유 등 여러 분야의 유엔 특별보고관들이 공동으로 서한을 보낸 것은 국제사회가 현 정부의 조치를 어떻게 평가하고 있는지 보여주고 있다.

또한, 국제사회는 중국 티베트 및 신장 지역의 인권 상황을 지속해서 규탄해왔다. 특히 신장 위구르족 인권 문제와 관련해 2022년 베이징 올림픽 보이콧 움직임도 있다. 지난해 미국 정부는 위구르족 탄압에 책임이 있는 중국 당국자들을 제재할 수 있도록 하는 내용의 '위구르 인권정책법' 그리고 신장 지역에서 강제노동으로 생산되는 제품(면화 및 면제품 등)의 수입을 금지하는 '위구르 강제노동 방지법'을 공포했다. 미국은 지난 3월에는 유럽연합, 영국 및 캐나다와 공동으로 중국 정부 관료들을 인권유린을 이유로 제재 대상 명단에 올렸으며, 최근 영국 하원은 위구르족 탄압이 '집단학살'에 해당한다는 내용의 결의를 채택했다. 한국 정부는 위구르족의 인권 상황에 대해 중국의 눈치를 보기 때문인지 이제까지 일절 언급하지 않고 있다. 그리고 국내 언론 가운데 친정부 매체들은 위구르족에 대한 인권 탄압 실상을 상세히 보도하기보다는 이를 둘러싼 미국 등 서방국가들과 중국 사이 공방에 초점을 맞추거나 서방 언론 보도와 중국 정부의 반박을 균형(?) 있게 다뤄 국제사회의 비난에 문제가 있다는 뉘앙스를 풍기고 있다.

한국은 이번 6월 영국에서 개최되는 G7 회의에 인도, 호주 및 남아공과 함께 게스트로 초청돼 문재인 대통령이 참석할 예정이다. 외신에 따르면 이번 회의에서 미국은 중국 신장 위구르족의 강제노역 문제와 관련해 공동으로 중국을 압박하기 위해 구체적인 방안을 수립하고 있으며, G7은 '비슷한 신념을 가진 국가들'로서 이번 회의가 중국 신장 위구르족 인권 문제 등 여러 이슈에 대해 연대감을 보여 줄 좋은 기회로 보고 있다. 문 대통령은 코로나 상황이 시작된 이래 첫 해외 나들이라서 기대가 크겠으나 그간 한국 정부의 태도로 인해 회의장에서 외톨이가 되지 않을까 염려된다.

현 정부가 북한과 중국의 인권 문제에 대해 취하는 태도를 보면 단순히 북한과 중국을 의식하는 수준을 넘는 것 같다. 북한 김정은 정권의 눈치를 보느라 한국 안에서 누구나 누리는 기본권이 침해되고 있다는 생각을 지울 수 없다. 무엇보다도 '대북 전단 금지법'에 대한 정부의 해명은 설득력이 없다. 또한, 과거 이민족의 억압을 받았던 아픈 역사가 있음에도 불구하고 비슷한 처지에 있는 중국의 소수민족들이 겪는 고초에 대해 애써 외면하고 있다. 그러면서 군대 위안부 등 과거 일본의 인권유린 행위에 대해서는 국제사회의 상식을 넘는 태도를 보여 역풍을 맞고 있다. 현 집권세력이 우리나라의 민주화에 있어 큰 역할을 했다고 자부한다면 민주주의의 핵심 가치인 인권에 대해서 아무런 차별 없이 접근해야 할 것이라는 점을 강조하고 싶다.

* 2021.5.2. 《천지일보》

G7 외교장관회의가 한국 외교에 남긴 과제

　오는 6월 영국에서 개최되는 G7 정상회의에는 한국도 게스트로 초청받아 문재인 대통령이 참석한다. G7 외교장관들은 정상회의 준비를 위해 지난 4~5일 런던에서 대면 회의를 하고 나서 주요 국제문제에 대해 공동성명을 발표했다. 이번 공동성명은 앞으로 열릴 정상회의 결과문서의 예고편이라 할 수 있다. 우리가 주목할 대목은 북한과 중국 관련인데 국제사회를 주도하는 국가들의 모임인 G7과 한국 정부 사이에는 상당한 입장 차이가 있어 보인다.

　G7 외교장관들은 북한에 대해 모든 불법적인 대량살상무기 및 탄도미사일 프로그램을 유엔 안보리 결의에 따라 완전하게, 검증할 수 있도록, 그리고 불가역적으로 포기할 것을 촉구하고 이러한 프로그램이 지속되는 동안 제재를 유지할 것이라 하고 일부 국가들의 제재 회피 행위에 대해서 우려를 표명했다. 나아가 정치범수용소 등 북한의 광범위한 인권 탄압 및 침해 상황에 대해 심각한 우려를 표명하고 유엔 인권보고관의 현장 접근을 허용할 것을 촉구했다. 그런데 우리 정부는 남북대화 재개를 촉구한 것에 대해서만 의미를 부여하면서 북한

의 비핵화 조치가 없음에도 불구하고 대북 지원을 위해 유엔의 제재를 일부 해제할 것을 주장하고 있다. 북한 인권에 대해서는 현 정부에 들어와 유엔인권이사회의 북한 인권 결의 공동제안국에 참여하지 않았으며 최근 '대북 전단 금지법'과 관련해 유엔인권이사회로부터 지적을 받기도 했다.

중국과 관련해서는 지난 3월 반중 협의체인 '쿼드'의 1차 정상회의(미국, 인도, 일본, 호주) 발표와 비교해서 중국을 직접 지칭하고 신장, 티벳, 홍콩, 대만 등 중국이 예민하게 받아들이는 현안을 모두 강한 톤으로 지적했다. 구체적으로 신장과 티벳에서의 인권 유린, 특히 위구르족을 대상으로 하는 대규모 정치 재교육 수용소 운영, 강제 노동 및 강제 불임 등에 대해 깊은 우려를 표명했다. 또한 무역, 투자, 개발금융 등에서 자유롭고 공정한 경제시스템을 저해하는 중국의 행태에 대해서도 지적했는데 중국의 일대일로 정책을 염두에 둔 것으로 보인다. 이번 성명에서 특기할 점은 대만의 세계보건기구(WHO) 포럼 및 세계보건회의(WHA)에의 의미 있는 참여를 지지했는데 이는 소위 '하나의 중국' 원칙을 흔드는 것으로 해석될 수 있다. 실제로 최근 미국은 대만의 독립을 지지하는 듯한 일련의 조치를 한 바 있다. 또한, 대만해협의 평화와 안정을 강조하고 동중국해와 남중국해에서 분쟁 해결은 유엔해양법 협약에 따라야 함을 재확인했다. 이번 공동성명 내용 가운데 중국 내 소수민족 탄압, 홍콩 및 대만 문제, 그리고 동중국해와 남중국해에서의 분쟁에 대해 그간 문재인 정부는 사실상 침묵하거나 언급을 회피해 왔다.

G7 정상회의에 문재인 대통령이 참석해 북한과 중국 이슈에 대해

어떤 입장을 취할지 궁금해진다. 물론 G7 회의에 초청받는 것은 국제 사회에서 한국의 위상이 올라가는 것을 의미하므로 환영할 일이다. 지난해 6월 트럼프 대통령의 G7 초청 거론과 관련해 청와대는 "이번 초청은 G7의 옵서버 자격으로 가는 일회용이고 일시적인 성격이 아니다. G11 또는 G12라는 새로운 국제 체제의 정식 멤버가 되는 것"이라고 자평했는데 일리가 있다. 실제로 이번 G7 의장국인 영국은 G7 국가와 '쿼드' 참여국인 인도와 호주, 그리고 한국을 합쳐 민주주의 10개국(D10)으로 확장하겠다는 구상을 내비친 적이 있다. 그런데 외교부 당국자는 "G7의 공동성명이란 참가하는 국가의 성명이다. 발표 전에 다른 개별 국가와 의견을 교환할 수 있겠지만, 우리나라는 당사국이 아닌 만큼 우리나라가 참여했다고는 볼 수 없다"라고 말했다. G7이 어떤 모임인가? 현재 국제사회를 주도하는 서방 선진국들의 모임이고 '비슷한 생각'을 가진 나라들의 협의체이지 않은가? 문 대통령이 정상회의에 참석하면서도 특히 G7의 중국 압박에 거리를 둠으로써 한국과 G7 사이 견해 차이만 두드러진다면 회의참석을 통해 한국이 얻을 수 있는 외교적 실익이 무엇일까? '비슷한 생각'을 가진 나라들의 모임에 지속해서 참여할 수 있을까? 한국의 초청은 또 한 번 '일회용'이 될 수 있다. 한국이 G7 회의에 초청받은 것은 이번이 처음이 아니며 이명박 대통령이 2008년 당시 의장국이었던 일본의 초청으로 호주와 함께 참석한 적이 있다. 문재인 정부는 그러한 리스크를 인식하지 못하고 있거나 인식하면서도 국내 홍보 가치가 크다고 판단해 일단 참석하고 보자는 생각은 아닌지 우려된다.

* 2021.5.16. 《천지일보》

정부의 G7 정상회의 참석 홍보에 대한 단상

문재인 대통령은 22일 국무회의에서 G7 정상회의 참석과 유럽 2개국 국빈 방문 성과를 소개하며 "대한민국의 달라진 위상과 국격을 다시 확인할 수 있었다. 한국은 세계로부터 인정받는 나라가 됐다"라고 했다. 문 대통령의 이런 설명이 아니어도 우리는 한국이 이미 여러 지표에서 국제사회의 상위 그룹에 진입했음을 알고 있다. 한마디로 한국이 세계로부터 인정받는 나라가 된 것은 공지의 사실이다.

한국은 2018년에 소위 '3050클럽(인구가 5,000만 명을 넘으면서 1인당 국민소득이 3만 달러 이상인 국가들을 가리키는 용어)'에 진입했으며, 세계은행 통계에 따르면 2019년 총 GDP는 세계 12위를 기록했다. 《US News & World Report》가 매년 발표하는 종합국력 순위에서는 올해의 경우, 8위로 평가됐다. 또한, 스위스 국제경영개발대학원(IMD)의 2021년 국가 경쟁력 평가에서 인구 2,000만 이상 29개국 중 역대 최고 평가인 8위를 유지했다. 객관적으로 보아 이미 한국은 G7 정상회의에 초청을 받는 것과 관계없이 국제사회에서 어느 나라도 무시할 수 없는 위치에 올라 있다.

그런데 현 정부의 대외적인 행동은 종종 한국의 위상과 국격에 어울리지 않는 모습이다. 2020년 구매력 기준 1인당 국민소득에서 한국은 일본을 앞질렀는데 한국은 여전히 일본에 대해 '돈 달라고 요구하는 나라'이다. 식민지배에 대한 배상을 요구하더라도 1965년 청구권 협정과 2015년 위안부 합의와 같은 이미 이루어진 국가 간 합의를 무시하는 것은 국제사회에서 폭넓은 지지를 받기 어렵다. 일본과의 공식 합의 내용이 불만족스럽다고 하더라도 그것은 한국 내부의 문제이며 국가 간 합의 내용을 수정하려면 국내 법원의 판결이 아니라 정부 간 외교로써 풀어야 한다. 일부 여권 인사들과 언론은 이번 영국 G7 정상회의에서 스가 총리가 문 대통령의 대화 시도에 응하지 않았다고 비난했다. 하지만 사전에 양측 사이에 회담에 대한 명확한 합의가 없었다면 그렇게 비난할 일이 아니다. 무엇보다도 현재 양국 사이 현안인 징용공과 위안부 배상 문제는 다자회의 참석 중에 잠시 만나 논의할 사안이 아니다.

　문 대통령의 G7 정상회의 참석에 대해 국내적으로 홍보하는 과정에서 몇 가지 부끄러운 일이 있었다. 문화체육관광부 국민소통실에서는 홍보 사진으로 정상 단체 사진을 올리면서 문 대통령이 중앙에 나오게 하려고 남아프리카공화국 정상을 사진에서 뺀 것으로 드러났다. 남아공에 알려졌을 경우 그들은 당연히 불쾌했을 것이다. 참으로 안타까운 것은 국력이 세계 10위권인 대한민국 공무원들의 의식 수준이다. 한마디로 사진 중앙에 나오는 것을 대단한 것으로 생각하고 주저 없이 남의 나라 정상을 사진에서 뺀 것이다. 정부는 또한 이번 정상회의에서의 좌석 위치 등과 관련해 문 대통령의 위치에 대해 대대적인 홍보를 했다. 그런데 이는 담당자들이 무지하거나 국민이 무지할 것으로 생각한 결과이다. 의전의 세계에서는 의전서열이라는 것이 있다. 이는 각종 행사에서 참석자들에 대해 줄을 세우기 위한 것이다. 다자 정상회의 참석 정상들의 의전서열은 통상 대통령-총리 순으로 정하고 동일 그룹에서는 취임이 빠른 정상, 즉, 재임 기간이 더 긴 정상이 앞선다. 이는 쉽게 이해되는, 상식 수준의 규칙이다. 한국 정상은 대통령이고 재임 기간도 상당하므로 회의장 좌석 등에서 앞쪽에, 그리고 주최국 정상에 가깝게 자리를 받은 것이다. 홍보 업무를 담당하는 공무원들은 국제의전에 대해 교육을 받을 필요가 있다는 생각이 든다. 이어 문 대통령의 오스트리아 방문과 관련해 정부 SNS에 독일 국기가 게시되는 실수가 있었다. 그리고 청와대의 한 고위 당국자는 방송에 출연해 "영국이 의장국인데 영연방 국가 3개국(인도, 호주, 남아프리카공화국)을 빼면 한국이 유일한 초청국"이라고 했는데 이쯤 되면 잘못된 생각임을 어떻게 설명해줘야 할지 모르겠다.

왜 이런 일들이 일어날까? 한마디로 말해서 아직 한국인들 마음속에 자리잡고 있는 열등의식의 발로라고 생각한다. 어떤 결과에 대해 근거 없이 아전인수격으로 해석하는 것도 마찬가지이다. 그리고 실질보다는 외양을 중시하는 의식구조의 탓이다. 또 하나 생각해 볼 점은 '내로남불'의 판단이다. 이번 G7에서 스가 총리가 한국을 초청하는 것은 괜찮으나 G7의 확대는 반대했다고 일본에 대해 편협하다고 비난하는 사람들이 있는데 유엔 안전보장이사회 개혁과 관련해 일본의 상임이사국 진출을 저지하기 위해 한국이 얼마나 많은 노력을 기울였는지 모르고 하는 소리이다.

* 2021.6.27. 《천지일보》

나침반이 잘못된 한국 외교

2021년 10월 25일 초판 1쇄 (1,500부)

지은이 박병환
편 집 박일구
디자인 김남영
펴낸이 강완구
펴낸곳 써네스트
브랜드 우물이있는집

출판등록 2005년 7월 13일 제2017-000293호
주소 서울시 마포구 망원로 94, 2층 203호 (망원동)
전화 02-332-9384   **팩스** 0303-0006-9384
홈페이지 www.sunest.co.kr

ISBN 979-11-90631-36-5 (03340)